AF580366

Títulos originales:

Philosophic Semantics and Philosophic Inquiry.
© 1990 by The University of Chicago. All rights reserved
© de la traducción, Miguel Iradier.

© La ciencia en coordenadas, Miguel Iradier.

Publicado por: Editorial Hurqualya
Febrero 2009
1a edición, 2009
2ª edición, 2024

www.hurqualya.net

INTRODUCCIÓN A RICHARD MCKEON
MIGUEL IRADIER

SEMÁNTICA E INVESTIGACIÓN FILOSÓFICAS

RICHARD MCKEON

LA CIENCIA EN COORDENADAS

MIGUEL IRADIER

ÍNDICE

Agradecimientos

Nuestra más sincera gratitud a la Universidad de Chicago, a los estudiantes y colegas de Richard McKeon que han luchado por la publicación de sus obras, y muy especialmente a Douglas Mitchell, editor ejecutivo de la prensa de la Universidad, por su interés y apoyo en este proyecto.

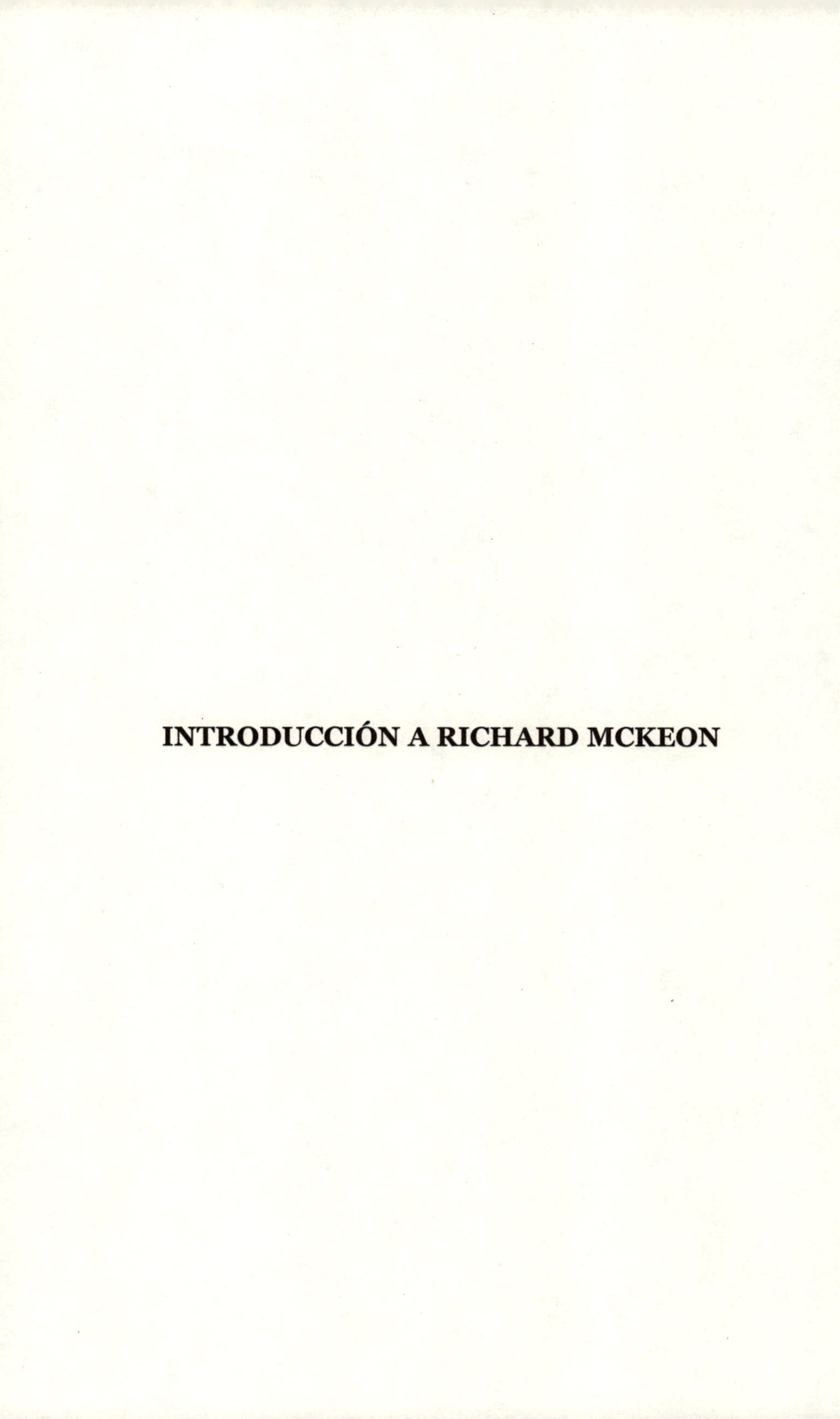

INTRODUCCIÓN A RICHARD MCKEON

El lector que asista a la impecable taxonomía expuesta en "Semántica e Investigación Filosóficas" podrá preguntarse si su autor se sitúa por encima de tales clasificaciones o tiene un lugar dentro de ellas. La tiene: McKeon utilizó principios reflexivos y una interpretación fenomenal esencialista, orientados hacia lo ya conocido, y un método operacionalista, muy propio de la retórica, dependiente del arbitrio del conocedor.

Richard Peter McKeon, filósofo americano, educador y clasicista, nació en 1900 en Nueva Jersey y murió en 1985 en Chicago. Estudió en la Universidad de Columbia con Frederick J. E. Woodbridge y John Dewey, y en París con Étienne Gilson, Brunschvicg y Robin. Siempre se preció de haber tenido cinco grandes profesores con orientaciones filosóficas tan ampliamente diferentes. Tras enseñar algunos años en Columbia, fue invitado en 1934 por Robert Maynard Hutchins, el famoso y controvertido presidente de la Universidad de Chicago, para que se uniera a los planes de reforma educativa que entonces tenían lugar en la institución. Fue allí donde McKeon desarrollaría el resto de su carrera, durante cuatro décadas, hasta su retiro en 1974. En los años cuarenta la Universidad de Chicago experimentaba un singular auge, y enseñaban en sus aulas o pasaban regularmente por ellas gran parte de las celebridades intelectuales de la época, de Carnap a Russell y de Morris a Arendt.

La influencia de McKeon en esa gran universidad fue omnipresente: Decano de la División de Humanidades desde 1935 hasta 1947, arquitecto del núcleo curricular y de la masiva reorganización de contenidos que el mismo Hutchins comenzara, impulsor y coordinador de estudios interdisciplinares y de la creación de diferentes comités como unidades académicas independientes que cruzaran las divisiones convencionales entre las disciplinas. Sin duda los modernos problemas de la llamada interdisciplinariedad, con todas sus frustraciones y promesas, tuvieron en esta universidad uno de sus primeros y más importantes bancos de pruebas, y difícilmente podría encontrarse a nadie tan sintonizado con sus perplejidades como ese generalista vocacional y de gran envergadura que fue Richard McKeon.

McKeon fue también una importante figura en los años fundacionales de la UNESCO, entre 1946 y 1948, sirviendo como asesor de la delegación de los Estados Unidos en las tres primeras sesiones de su Conferencia General, y aportando material junto a Julian Huxley para la redacción de la Declaración Universal de los Derechos Humanos de 1948. Fue además uno de los fundadores del Instituto Internacional de Filosofía creado bajo el patrocinio de la UNESCO, pasando luego a ser su presidente y más tarde su tesorero hasta poco antes de su muerte; el Instituto se reunía anualmente para tratar los múltiples y variados temas de las relaciones interculturales. También bajo auspicios de la UNESCO y del Congreso Indio de Filosofía, condujo en 1954 una serie de discusiones en las universidades indias sobre derecho internacional y relaciones humanas.

Como educador, McKeon fue uno de los introductores de la filosofía medieval, la retórica y la historia de la ciencia en el panorama académico americano; como filósofo, fue el primer pensador en dar visos de consistencia a algo siempre tan escurridizo y proteico como el pluralismo filosófico. Incluso cabe verlo, usando las palabras de George Kimball Plochmann, como el genuino artífice o inventor de "la maquinaria del pluralismo".[1] Puesto que "pluralismo" es hoy uno de esos términos comodín tan usados y abusados para diluir las cuestiones y huir de cualquier definición de posiciones concretas, el conocimiento de los argumentos de McKeon se nos antoja poco menos que imprescindible para poner a prueba sus determinaciones.

Un perfil como el citado nos habla de un personaje en una posición institucional eminente y en unos años tan cargados de peso como los del establecimiento de la *Pax Americana*. Y sin embargo, fuera del entorno de la Universidad de Chicago, la influencia de McKeon como pensador parece haber sido mínima, si juzgamos por las raras ocasiones en que aparece citado en la literatura. Al respecto se ha dicho que pocas veces una persona ha sido tan influyente dentro de una universidad y tan poco conocido fuera de ella. Es cierto que de él han hablado con deferencia autores tan reconocidos como Kenneth Burke, Wayne Booth, Susan Sontag, George Steiner, Richard Rorty, Paul Goodman, Robert Coover, Paul Rabinow o Eugene Gendlin; pero ninguno de estos nombres nos da demasiadas pistas sobre las coordenadas del pensamiento de McKeon, ni exhiben sus muy divergentes obras desarrollos explícitos de los problemas que dejó planteados.[2]

"Semántica e Investigación Filosóficas", leída como contribución a una Conferencia en 1966 y nunca publicada en vida del autor, puede verse a la vez como punto de partida y de llegada para la mayoría de los 158 escritos de McKeon, que abarcan prácticamente todo el espectro de las humanidades y las cuestiones más generales de las ciencias. Como nunca coinciden aquí filosofía e historia de la filosofía, hasta el punto en que uno puede preguntarse si tiene sentido buscar la línea divisoria. Cualquiera que sea la prevención que el lector pueda tener ante los esquematismos del pensamiento, debe recordarse aquí su propósito *heurístico*, inseparable del método de su autor. Está básicamente orientado hacia el debate, la solución de problemas, la detección de ambigüedades y el descubrimiento de lo nuevo –no a la inane clasificación de filosofías en compartimentos estancos. Un tablero de ajedrez es bastante más que sesenta y cuatro casillas, y un concepto o una idea tiene sin comparación más grados de libertad que cualquiera de sus piezas: pero lo que aquí McKeon nos brinda es un maravilloso ajedrez de las ideas sin final de partida a la vista.

Las matrices semánticas muestran en primer lugar que contamos con un número limitado de asunciones básicas posibles. Pueden aplicarse no sólo a las afirmaciones más definidas de los filósofos, sino a cualquier tipo de discurso que tenga un mínimo de articulación y coherencia en sus ideas. Su flexibilidad se deriva de la independencia de las filas y columnas para combinarse en distintos principios, métodos e interpretaciones. McKeon observó que sólo en la Grecia clásica se habían dado construcciones homogéneas o "tipos puros" según un modo único de pensamiento –asimilación, discriminación, construcción y resolución- y que no había conocido a ningún pensador con ese perfil desde la muerte de Aristóteles.

Los datos objeto de selección son términos simples que no requieren combinación; para tener un discurso con algún significado necesitamos *dos* términos conectados en una interpretación; la construcción de los argumentos propios de un método requiere *tres o más* términos; finalmente, la pluralidad indefinida de términos que supone un sistema conceptual se remite a su principio o principios. En orden inverso, principios, métodos e interpretaciones no son sino puntos de partida, medio y fin de la construcción de los discursos. Estas distinciones no pueden ser más elementales, y aun con todo tendemos permanente a perderlas de vista o a embrollarlas. Análogamente, en los discursos en general, cabe distinguir entre tópicos formados por una concepto o palabra –por ejemplo"libertad"-, hipótesis con una afirmación que envuelve a dos tópicos; temas con tres o cuatro elementos; y tesis o discurso propiamente dicho, con un número indefinido de ellos.

En cuanto a las selecciones, a los cuatro tipos básicos indicados, McKeon añade el criterio de *selección general*, el tono y vocabulario compartido a lo largo de una época o periodo por filósofos individuales por lo demás enteramente diversos. A lo largo del tiempo se observa que los "grandes discursos" surgen con una selección *metafísica* que se ocupa de preferencia con los principios del ser, la esencia o la existencia; Platón o Aristóteles responden bien a este tipo troncal de selección. Más tarde, cuando empiezan a hacerse manifiestas las contradicciones y problemas insolubles de toda esa terminología, suele producirse una mudanza o revolución que pasa por negar la posibilidad de alcanzar la verdad sin una crítica del pensamiento o medio del conocimiento propiamente dicho; se trata entonces de una selección *epistemológica*, que Kant ejemplifica de forma inmejorable para nosotros. Con el tiempo, y tras una percepción creciente de que la comprensión de la propia mente tampoco es una tarea más viable, suele acontecer una nueva revolución que abomina de todas las connotaciones psicológicas; tenemos entonces una selección *semántica* o pragmática, orientada hacia la justificación de afirmaciones y la eficacia en las acciones, el ciceroniano "palabras y hechos". No hay duda de que el siglo XX se ha caracterizado por el generalizado repudio del "idealismo" y el "psicologismo", lo que se aprecia de la forma más explícita en los autores que protagonizan el corte.[3] Finalmente, el mismo desconcierto originado por la disipación sofística o nominalista vuelve a replantear la necesidad de formular nuevos principios.

McKeon no tenía la menor pretensión de hacer filosofía de la historia al apreciar estas revoluciones recurrentes. Tales grandes periodos no sólo podemos reconocerlos en los tres últimos siglos de la ciencia y la filosofía moderna; son bien reconocibles en el discurrir de la Academia platónica y en las corrientes del helenismo que llevan hasta Cicerón y la retórica romana, como se reconocen en la evolución de la filosofía medieval cristiana, hebrea o islámica. Puesto que no hay otros ciclos genéricos con continuidad manifiesta en la historia del pensamiento de occidente, resulta difícil juzgarlo casual. Además, la lógica interna de este proceso se comprende por sí sola; no es otra que la que se sigue de hablar de los principios, medios y fines –y subsecuentemente, de la primacía otorgada a los principios, métodos e interpretaciones. Una constatación no es un pronóstico; lo inevitable de esta progresión no implica ninguna suerte de historicismo cerrado, pues aquí no se habla ni de férreas cronologías ni de cómo y cuánto pueda prolongarse la última fase de un ciclo antes de que se alumbre otro nuevo –si acaso tuviera que haberlo. El futuro sigue tan abierto como siempre.

Nuestro autor identificó estos periodos no sólo en la actividad teórica de la filosofía y de la ciencia, también en las artes prácticas, como la política y el derecho, y en las artes productivas como la literatura y la plástica. El siglo dieciocho se caracterizó por la lucha por los derechos políticos y civiles, el diecinueve en los derechos económicos, y el veinte por los derechos culturales, figura jurídica surgida justamente en el trabajo preliminar de la Declaración Universal de los Derechos Humanos. [4] En las artes los mismos periodos cronológicos se reconocen por el uso primario de diferentes preceptivas estéticas, o poéticas: la imitación, la imaginación y la expresión. [5] Sin duda podrían buscarse otras muchas resonancias en estas sincronías, y tal vez aún más en una época como la nuestra en que parecen diluirse barreras entre estos tres dominios.

Cualquier forma de clasificación es arbitraria, y lo será mucho más si de lo que se trata es de separar la infinitud de las aguas del pensamiento. Pero Richard McKeon logró depurar una trama de distinciones mínima, sólida, general, flexible y equilibrada –suficiente y exhaustiva en sus propios términos. No escasean las copiosas historias de la filosofía en varios tomos, algunas debidas a pensadores bien célebres, sembradas de juicios gratuitos y superficiales, de forcejeos, luchas y batallas personales. No es poco lo que dice de sí mismo un filósofo cuando se pone a enjuiciar a los otros. McKeon nos ahorra todo esto, y a la vez, en tan pocas páginas, nos da mucho más. Todo eso adicional que nos ofrece es un inmenso espacio vacío, que sin embargo puede ser explorado e investigado sistemáticamente, empezando por donde más nos guste. Pues las matrices son modelos efectivamente vacíos, y aun vacíos sostienen la integridad de cada discurso a la vez que las líneas de fuerza entre todos los discursos. No es de extrañar que para muchos de sus alumnos resultaran una auténtica revelación. Y una perplejidad que no disminuye con la familiaridad del uso.

La semántica es la encarnación del pluralismo de McKeon, basado en la certeza de que, aun si hubiera una verdad, ninguna formulación podría agotarla. Los distintos y recurrentes métodos de la filosofía vuelven una y otra vez porque, a su manera y en un determinado contexto, permiten resolver alguna clase de perplejidad o de problema: de otro modo hace mucho que habrían desaparecido. Pero cualquier lenguaje comporta equívocos y ambigüedad, porque su capacidad es siempre limitada en comparación con las infinitas posibilidades de las cosas. Incluso cuando las personas hablan con las mismas palabras y sobre el mismo objeto, se puede demostrar a menudo que utilizan significados diferentes; así como tampoco difieren necesariamente entre sí cuando parecen decir cosas contradictorias según términos comunes; tales equívocos estarán siempre presentes en cualquier plano del discurso y el pensamiento, desde los más imprecisos y cotidianos hasta los de las ciencias más especializadas y exactas.[6] En cuanto a su devenir en el tiempo, a medida que los lenguajes, discursos y sistemas olvidan el suelo de ambigüedad del que surgieron, por más que no puedan eliminarlo, toma el mando el proceso de especialización y restricción crecientes que estrangulan la vitalidad y desdibujan el sentido o propósito original. No es posible erradicar el componente global de ambigüedad, éste se conserva: sólo se traspone a otros niveles en que resulta menos globalmente reconocible. Pero es justo esto lo que nos permite calar lo sobreentendido y alcanzar una perspectiva por encima de las especialidades. Nuestra masa de conocimientos aumenta imparablemente, nuestra orientación no. Antes que mapas para ubicar y ponderar lo ya conocido, McKeon nos ofrece una brújula para percibir a su través lo menos ubicado y ponderado, que presumiblemente atraviesa también todos los planos pero que puede adoptar en cada uno de ellos las configuraciones más diversas.

Es muy frecuente caracterizar a Platón por la teoría de las ideas, y oponerle a Aristóteles como exponente del realismo; contemplar los avatares del atomismo como reduccionistas, y a los sofistas, escépticos y retóricos como ejemplos de arbitrariedad e inconsistencia. Al mismo Aristóteles lo ven unos como redactor de notas y trabajos ocasionales sin ninguna relación entre sí, mientras que otros lo hacen sinónimo de construcción monolítica, jerarquizada y dogmática. Pero McKeon subraya el carácter asimilador de las dialécticas, presente por cierto en casi todas las elaboraciones teológicas y criptoteológicas; considera la ramificación en ciencias especializadas de Aristóteles como una consecuencia natural de sus supuestos; percibe en los atomismos de todo tipo el propósito de construcción, antes que el de reducción; y ve en el modo discriminativo de los sofistas, al fin y al cabo escépticos, una aportación a la construcción del método científico tan importante o más que la de los atomistas. Todas estas atribuciones, mostradas de forma más que convincente, sin dejar de estar centradas están a contrapié de un gran cuerpo de tópicos sobre estos filósofos; como se halla a trasmano el nada trivial orden de correlación en lo diametral de las posturas. Y aun con todo, su singularidad queda ampliamente iluminada. Podría decirse que este es el sello peculiar de la ordenación del maestro; y probablemente también de la realidad, que acostumbra a burlar sistemáticamente nuestras expectativas. También podría ser esta la razón de que las matrices se le atragantaran a un gran número de estudiantes, cuando no pueden ser más simples; aunque tampoco es posible ignorar la alergia insuperable que muchos sienten ante cualquier tipo de esquematismo exhaustivo.

Es fama que los filósofos, además de abundar en juicios sumarísimos, gustan de fabular tesis originales sobre los grandes pensadores de nuestra tradición. En el extremo opuesto tendríamos a clasicistas y filólogos, que procuran ante todo respetar la literalidad de lo que los autores dijeron, introduciendo el menor número de distorsiones posibles. Pero no hay ni que decir que este criterio de literalidad, tan necesario, es completamente insuficiente para desentrañar la articulación de sentidos en discursos tan ricos en ambigüedades y solapamientos como los filosóficos. McKeon, por lo que tenía de unos y otros, elaboró su propio camino intermedio tratando de satisfacer el respeto a la literalidad y la recuperación más íntegra posible del sentido de los textos. Su proceder era tan minucioso que bien podríamos llamarlo una filología multinivel; o si se prefiere, una lógica matemática para abordar las mismísimas ambigüedades de las que la filosofía analítica huye. La matriz hermenéutica para la reconstrucción de los textos contaba con cuatro filas y columnas, y junto a las secuencias ya citadas de uno, dos, y tres o más elementos, contenían sumatorios o recapitulaciones para la teoría de la verdad, la del significado, el contraste entre análisis y síntesis; distinciones entre personas, objetos y cosas, etcétera. El magnífico libro de Plochmann las expone y desglosa con todo lujo de detalle.[7] Puede asegurarse que pocos filósofos han puesto tanto cuidado, paciencia y pericia en el difícil ejercicio de tratar de comprender a sus pares antiguos y modernos.

Volviendo a la matriz general de nuestro texto, McKeon toma abiertamente los modos básicos de investigación filosófica de los *Analíticos Segundos* de Aristóteles, dándoles una disposición propia que debe mucho a la retórica de Cicerón y Quintiliano. Pero también las matrices semánticas tienen una relación indudable, aunque más indirecta, con el estagirita; pues en más de una ocasión éste presenta su propia postura como una vía intermedia entre las concepciones extremas de Platón y Demócrito. Si se da por buena la propia interpretación de Aristóteles como parte interesada –y el sabio griego no deja de dar argumentos por activa y por pasiva que lo refrendan-, ya sólo faltaba añadir una contraparte a éste para tener los cuatro ángulos cubiertos. McKeon lo encuentra en Protágoras y los sofistas, los propios creadores de la retórica. Ambos extremos quedan definidos por la distinción conocido-conocedor; y aunque Aristóteles mismo evite proponerse como una alternativa a los siempre controvertidos sofistas, no deja de serlo tanto en su posición general como en su concepción de la retórica. Aristóteles es por lo demás el último en el orden cronológico de aparición de las cuatro principales variantes, lo que concuerda con el carácter de síntesis, amplitud y madurez que se ha reconocido en su obra.

De manera que el fundamento histórico para la elección de McKeon de los modos de pensamiento no puede ser más evidente, aunque en absoluto demuestre nada. El crisol del debate de aquellos discutidores proverbiales, los griegos, nos habría dado ya la gran matriz y pauta para todas las discusiones posibles. Tampoco esto debería sorprendernos, a juzgar por las innumerables proclamaciones más o menos solemnes con un idéntico sentido. Sin embargo, es necesario volver a subrayar que el cuadro sinóptico de McKeon, pese a su impecabilidad, no pretende ser ni una tesis histórica ni una suerte de teorema filosófico: nació de su inmensa experiencia práctica en el debate, se refinó en todo tipo de discusiones y fue expuesta para reconducir al debate productivo los diálogos de sordos, logomaquias y controversias que nunca han de faltar en nuestras sociedades. Para McKeon la justificación de su esquema era su eficiencia; aunque a muchos nos siga pareciendo algo más que utilitario.

Pero buscar lo mejor del debate no implica necesariamente buscar el consenso. Una frase de nuestro autor, repetida ocasionalmente como declaración de principios, resuena todavía en las mentes de muchos de sus alumnos: "Pienso que puede mostrarse que el acuerdo ideológico sobre una filosofía por toda la humanidad no es posible, ni sería, si fuera posible, deseable. Probablemente nos pondría en una suerte de sueño intelectual en el que ya no necesitaríamos pensar más."[8] Sin oposición no hay perspectiva. Por otra parte, el método o recurso del debate es muy viejo y ha demostrado a lo largo de las épocas su eficacia. Una moderada eficacia, no hace falta decir. Con su dilatada experiencia práctica, McKeon no podía albergar ilusiones exageradas al respecto; la discusión, decía él, no era "ni una cadena de entendimientos ni un caos de falta de entendimiento; es un complejo de monólogos cruzados que ocasionalmente desencadenan, por un periodo de tiempo o un periodo de discurso, el diálogo."[9] En cualquier caso, y como él no dejó de apuntar, la verdad que no se discute termina por ser un obstáculo al descubrimiento de la verdad.

"Semántica e Investigación filosóficas", ya en la primera lectura, nos deja la impresión, la dulce e incierta promesa, de que todo el conocimiento imaginable puede llegar a ser concéntrico en el hombre.

Hasta tal punto su autor parece hablar desde el centro. Un centro de virtualidades que igualmente podría concernir a las ciencias, las artes, o la política; a la vida teórica, la productiva o la práctica. Y el eje de una inadvertida Cosmópolis que atraviesa el tiempo y las mudanzas de las palabras y discursos de moda. Pero concéntrico aquí no tiene porqué significar unitario, sino tan sólo "radicalmente humano", necesariamente reflexivo, si es que el hombre es a la vez lo conocido y el conocedor. McKeon, como tantos otros en su siglo, no busca la fundamentación de la filosofía; pero en su caso tampoco le hacía falta elaborar un discurso sobre la imposibilidad de encontrar los fundamentos. Si la pluralidad es la base de nuestro sistema, ya es bastante con tener una idea razonablemente completa de las posibilidades de esa pluralidad; y si tenemos una idea razonablemente completa de esas posibilidades, comprendemos también que no se pueden agotar nunca. Por otra parte, si el pluralismo se confunde tan a menudo con el relativismo, habrá que decir que no serán los fundamentalismos los que nos permitan trascenderlo, sino la universalidad del punto de vista.

De aquí la apelación de McKeon a la retórica; la retórica, ya desde antiguo, tuvo la ambición de abarcar sinópticamente la totalidad de los posibles discursos; de todas las cosas, pensamientos, palabras y acciones concebibles. Empresa ciertamente desmesurada si no se concibe, ante todo, como arte. McKeon consideró siempre la retórica como arte arquitectónico, y adujo la posición de Aristóteles, en absoluto clara, a este respecto. Cabe considerar la nueva retórica de McKeon como la más esclarecida y lúcida reedición de las viejas artes combinatorias: la combinación de palabras, tópicos o ideas crea a su vez nuevos tópicos y renovados problemas. Su valor dependerá sobre todo del grado de elaboración y de la oportunidad del contexto en que surjan. Este procedimiento sólo puede ser trivial para quien no se confronta con la dificultad de su práctica; incluso la más pulcra de las disciplinas, la matemática, procede de este modo extendiendo puentes y recreando interminablemente tópicos, en su infinita exploración de lo infinito; y esta misma matemática carece de centro y de contorno definidos, sin más ordenamientos internos ni clasificaciones del conjunto de sus ramas que los arbitrarios.

La concepción de la retórica de McKeon se caracteriza por su espíritu expansivo y omniabarcante, en contraste con las visiones mucho más particularizadas de otros modernos impulsores de la disciplina, como Toulmin y Perelman. Estos últimos, viniendo de la filosofía analítica, concentraron sus esfuerzos en refinar los aspectos formales de la teoría de la argumentación. Puesto que ésta es la parte más directamente manejable de las nuevas corrientes de la retórica –las más independientes de los imponderables del arte- no es de extrañar que haya tenido mucho más predicamento.

Más allá de ser un arte lingüístico de expresión, la retórica era para McKeon un arte productivo universal virtualmente aplicable a todos los órdenes de la vida. La retórica de los romanos fue un arte de orientación práctica; la del Renacimiento tuvo una orientación poética; en nuestra época y los años por venir estaríamos buscando una retórica de orientación teorética, una ciencia del arte que fuera una digna contraparte de las artes de las ciencias, conocidas con el nombre de tecnología. La retórica, en tanto que arte arquitectónica, ha estado siempre menos alejada de la metafísica de lo que podríamos pensar; pero la metafísica ha tenido primacía cuando las artes y ciencias han estado basadas en lo que se suponía la naturaleza de las cosas o de las formas de pensamiento, mientras que la retórica termina por reemplazarla cuando pasamos a valorar más las consecuencias de lo que hacen y dicen los hombres. Además, las proteicas e inesperadas transformaciones de la retórica y sus concepciones del saber enciclopédico suelen tener casi siempre un papel básico en la transfiguración del contexto del que emergen luego los nuevos periodos o nuevos "grandes discursos". La historia de las enciclopedias y retóricas nos muestra lo convencional y circunstancial de cualquier división del conocimiento, pero también el papel decisivo que ha jugado a lo largo del tiempo en la traslación y reubicación de casi cualquier tema imaginable. Nuestro autor dedicó muchos escritos a revisitar estos inciertos entremundos, que ofrecen una medida cabal de los sucesivos deslizamientos de lo que entendemos por "humanidades". Pues es evidente que lo que queda de los discursos cuando ya no se cree en ellos es su retórica, y este mismo descreimiento conduce a su laxitud y a su recombinación. Muchos se preguntarán si no andamos ya en ésas.

Estamos, pues, ante un autor que fue una auténtica enciclopedia de enciclopedias; siendo constelación de constelaciones y síntesis de síntesis el texto que presentamos. Uno no puede imaginar un prólogo mejor para un libro de la historia de la filosofía, ni probablemente, más cumplido y más abierto epílogo. Es también el más elocuente modelo de interpenetración de las cuatro artes que el gran educador estimó necesarias para la formación intelectual del carácter: el arte de recuperación para la receptividad, el arte del descubrimiento para la curiosidad, el arte de la presentación para ensanchar el horizonte de la imaginación, y el arte de la sistematización para definir nuestro propósito en conocimiento, acción y juicio.[10] El método de McKeon, como puede observarse por estas y otras enumeraciones, pasa por concebir en cada plano la totalidad de posibilidades más plausible e informada, para examinar a partir de esa totalidad los huecos tanto en el orden de planteamiento general como de las posiciones particulares, volviendo a reconsiderar la totalidad inicial siempre que fuera necesario; un procedimiento heurístico en el que confluyen intuición y análisis por medio de la comparación y discriminación.

Nada más lejos de nuestro propósito que hacer aquí un examen de la compleja, densa y variada constelación de los escritos de McKeon; eso requería al menos un buen tomo. Y, además, la mitad o más de sus estudios aguardan todavía la publicación. Desde aquí sólo podemos alentar la lectura y relectura de ensayos tan hermosamente tersos como *Philosophy as a Humanism*,[11] que abre el primer volumen de sus obras escogidas, o el para nuestros tiempos asombrosamente pertinente *The Flight from Certainty and the Quest for Precision;*[12] si bien es siempre redundante hablar de pertinencia en un autor como el que nos ocupa. Incluso donde menos se espera, como por ejemplo, en sus consideraciones sobre la metafísica. Y de hecho, si queremos limitarnos a un breve comentario de un solo escrito de McKeon fuera de "Semántica...", seguramente nos decantaríamos por ese excelso pórtico al templo de la simplicidad metafísica que es *Being, Existence and That Which Is.*[13] No nos resistimos a hacer una pequeña apreciación sobre este ensayo, que por sí solo merecería más de un estudio a fondo.

El texto es de 1960, y es justamente el único título del autor que se menciona en "Semántica...". Esto no es en absoluto casual, como no parece casual que los autores citados ahora de pasada sean Avicena, Locke y Peirce. Empezamos a leer y de repente nos sentimos transportados, tal vez, a la época de las *Disputationes* de Francisco Suárez. En el panorama filosófico de 1960, ya fuera el continental o el anglosajón, nada podría sonar más anacrónico y excéntrico. Pero, ¿de qué se habla aquí? Se habla, naturalmente, del problema de la elección de principios; ya desde Aristóteles se supone que la metafísica es la ciencia de los primeros principios. McKeon moviliza aquí los mismos términos de los modos de investigación de la *stasis* desplegada en "Semántica...": el ser, el pensamiento, la existencia y la experiencia. Pero estos términos se movilizan no para acotar un problema derivado cualquiera, sino, en sentido contrario, para de alguna manera acotar el problema de los mismos principios que anteceden al planteamiento de cualquier problema.

De manera que uno no puede evitar la impresión de estar ante un "mensaje en una botella" lanzado a los mares de los tiempos que vendrán. Podría pensarse por un momento en los "Prolegómenos a toda metafísica futura" de Kant, pero ni las circunstancias ni la presumible intención podrían ser más diferentes. Kant escribe en la ascendente cresta de un momento revolucionario que se querría totalmente consciente de sí; McKeon se sabe inactual como nadie, pero menos intempestivo que nunca –tan bien como sabe que llegarán otros tiempos, no pretenderá siquiera romper con su continuidad. Se ha dicho que la elección de principios es una parte irrenunciable de las ciencias y la más difícil de sus artes, pero nunca hasta aquí se nos había hablado con un mínimo de perspectiva sobre la elección de principios en términos de consecuencias. La complementariedad de la retórica arquitectónica y la metafísica a que apeló en más de una ocasión, y ante la que tantos fruncieron el ceño, no puede tener una razón más limpia; pero nos queda mucho todavía para aprender a pensar así.

"*Being, Existence and That Which Is*" tendría entonces algo de conjuro contra el tiempo. La progresión en fases del periodo marca las sombras en los cuadrantes de un inadvertido *sundial*; y estas fases y el periodo en su conjunto serían hasta cierto punto inexorables –se revelarían finalmente como tales- en la misma medida en que la limitación entrante en los principios nos sigue resultando imponderable: esa limitación restringe su proceso de transformación lingüística o discurso. De ningún modo habla el ensayo abiertamente en estos términos, pero todo ello se sigue sin mayor dificultad. No estamos ante una construcción ni una meditación; asistimos a una deliberación sobre qué clase de principios serían menos limitativos a la larga, y sobre si acaso puede saberse o aprenderse algo al respecto. McKeon sugiere que sí, si aprendemos a contemplar los principios no solamente como tales –no como término de términos para un propósito demasiado exclusivamente definido-, sino como parte de una trama más amplia de la que sólo la prudencia, la experiencia realmente asimilada, nos puede dar indicaciones. La actualidad de esta cuestión tan aparentemente abstrusa irá creciendo en la misma medida en que se asuma el deterioro o insuficiencia de los principios que nos llevaron hasta aquí; pero, más allá de esto se nos sugiere, con la discreción más exquisita, otro tipo de partida con la historia y otros modos de concebir nuestros medios, principios y fines.

* * *

McKeon siempre vio la semántica filosófica como fase preliminar o propedéutica del auténtico trabajo de la filosofía, la investigación o indagación. Pero aunque sus escritos contienen un grado de penetración más que notable, el autor nunca se sintió inclinado a extender ni la investigación ni el discurso en una dirección determinada. Muchos han echado en falta esto, y la ausencia de un "gran libro", antes que cualquier otra cosa, explicaría que su nombre no haya alcanzado una resonancia mayor. Uno está tentado de pensar que, igual que tantos sienten aversión por los esquematismos, McKeon la sentía por escribir ese tipo de largos discursos que quieren reconducirlo todo a su progresión. En este innato rasgo estaría mucho más cerca de la mentalidad de los hombres de ciencias que de los de letras. Pero la mayoría de sus escritos nos engaña, porque lo que encontramos a primera vista es un tratamiento temático e historiográfico que, leído superficialmente, apenas permite sospechar las vastas reagrupaciones de conceptos y territorios que potencialmente contienen. La misma presentación temática es sólo el necesario recurso para no tener que definir los temas: se nos ofrece meramente un contorno y unos ejes básicos para que cada cual esté en mejores condiciones de emprender sus averiguaciones por donde guste. Busca, una vez más, ensanchar el campo de posibilidades antes que el de las definiciones. Es sobre todo en este sentido que su obra puede parecer desequilibrada; pero ocurre simplemente que es demasiado abierta para los criterios de valoración de cualquier especialidad.

Se asocia mucho más a McKeon con el mundo de las humanidades y la erudición filológica que con el análisis de la empresa científica, pero lo cierto es que su examen de las inferencias y argumentos en la historia de la física que solía hacer en sus clases, a menudo con las ecuaciones en la mano, no era menos clarividente e impecable. Podemos hacernos al menos una idea por la recopilación de grabaciones de cursos que se han editado póstumamente.[14] Una vez más, también aquí sospechamos que el filósofo americano podría haber ido mucho más lejos si lo hubiera deseado. No lo hizo, y no hace falta buscar razones; está claro que se daba por satisfecho con este tipo de acotaciones e indicaciones de orden general. Su obra entera es pura semilla, y sus agradecidos alumnos tuvieron siempre la certeza de haber absorbido tan sólo dosis homeopáticas de lo que latía en su enseñanza.

Y en idéntica situación se encuentra el que esto escribe, que no necesita haber sido alumno para reconocer aquí la presencia de un maestro incomparable. Presentamos a continuación un estudio sobre las cuestiones más intemporales de la ciencia vestidas con el ropaje histórico de sus recurrentes mudanzas. "La ciencia" de la que se habla es casi exclusivamente la física, lo que obliga a dar las imprescindibles justificaciones. La física, desde luego, ha desempeñado un papel troncal y desencadenante para el resto de las ciencias naturales o experimentales, e incluso para las ciencias sociales, como la economía, siempre que hayan primado las consideraciones cuantitativas. Además de estar en la base de nuestro comercio con la realidad, tiene unas posibilidades y una riqueza conceptual que en vano buscaremos en otras ciencias experimentales menos trabadas y desarrolladas. Y habiendo evolucionado más como especialidad, también exhibe mejor una problemática tácita común a todas las especialidades científicas de carácter acumulativo: el proceso de restricción creciente que impide mirar hacia el centro de cada disciplina. Las especialidades no sólo divergen y se hacen excéntricas unas con respecto a otras y al hombre: llegan a ser excéntricas con respecto a sí mismas. Huyen, literalmente, del centro, y sin duda por razones poderosas.

Existe el extendido prejuicio, incluso entre filósofos de la ciencia y otros expertos en la materia, de que las especialidades van seleccionando todo el conocimiento objetivo a su alcance y sólo se deshacen de los rudimentos heurísticos, subjetivos, que son inevitables auxiliares en su avance. Como tantos otros prejuicios, esto tiene su buena parte de verdad, pero nunca nos dará una idea cabal del contorno de la disciplina ni de su centro potencial. En realidad suele haber líneas enteras de desarrollo objetivo que se sacrifican; esto es casi inevitable. Sin decisiones no ocurren cosas, pero también es muy probable que terminemos por olvidar que realmente hicimos decisiones. Por otra parte, el hecho de que no se recogen todas las opciones objetivas, y la circunstancia asociada de que las consideraciones subjetivas son inextirpables, se esconde en la disposición interna y segregación de las distintas subdisciplinas o ramas.

Las disciplinas comportan una división entre sus propias competencias y el resto de las cosas y la sociedad; esa es su visión genérica de la totalidad. De ahí que para promoverse y justificarse ante la sociedad que las sostiene hagan cada vez más frecuentemente afirmaciones demasiado categóricas, cuando no sensacionalistas, que a la larga perjudican su credibilidad y su estima ajena y propia. Pero las disciplinas tienen otra totalidad más íntima, formada por las decisiones técnicas por activa y por pasiva que se han ido acumulando a lo largo de su desarrollo: un panorama más o menos consensuado y otro panorama más o menos marginal. Si una disciplina quisiera recuperar en bloque las líneas de investigación omitidas, suponiendo que fueran válidas, correría el riesgo inmediato de la autodisolución; pero en la medida que las ignora, también pierde capacidad de orientación interna, y por lo tanto, de autodeterminación. Hay una tercera parte en litigio que no debe ser omitida, y es el resto de las disciplinas que se haya en un trance similar. Si las disciplinas pudieran tener un desarrollo más equilibrado o armónico de sus posibilidades internas, tendrían, además de más autonomía, relaciones más fluidas y profundas con otras disciplinas adyacentes.

Claro que cambiar el rumbo de una especialidad es extremadamente difícil. Debe haber, en primer lugar, circunstancias dentro de su dominio de conocimiento objetivo que favorezcan poderosamente el giro. Pero ni las circunstancias más favorables suelen permitir a los especialistas cambiar la situación demasiado; y esto es fácil de percibirlo en las llamadas "revoluciones" de la física o de la filosofía. También lo marginal de cada disciplina debería organizarse desde sus propios márgenes para mejor definir el centro. Las nuevas redes sociales de conocimiento son un medio inmejorable para lograr esto, pero todo hace pensar que estamos hablando de cambios muy lentos y profundos.

Nunca se ha primado la innovación tanto como ahora, ni tampoco ha habido nunca tanta gente con capacidad real para innovar. Pero es imposible subestimar la resistencia intrínseca que supone la estratificación interna de cada especialidad, conocida habitualmente como institucionalización. Ésta es obviamente un proceso histórico, con un fuerte componente de irreversibilidad, aunque seguramente indecidido e indecidible. Ahora bien, lo decisivo para la innovación y el descubrimiento, dando por supuesto trabajo y talento, son el contexto inmediato y el orden de concepción con que podemos arribar a un contexto u otro; y en las cuestiones de peso estos dos factores ya están casi siempre tácitamente decididos por un cierto nivel de consenso. Claramente hay un desequilibrio entre las capacidades individuales y el filtro colectivo de las instituciones, y esta desigualdad no se modificará sin la emergencia de nuevos agentes.

En nuestro presente periodo, la transformación del saber y de las disciplinas ha de pasar más por la recuperación y reconstrucción de su pasado que por la promoción de nuevas revoluciones; éstas ya han agotado su virtualidad y su oportunidad, al menos dentro del contexto con el que estamos más familiarizados. Nos engañaríamos sin embargo si creyéramos que la labor de recuperación nos conduce hacia una fase menor o subalterna; por el contrario, la posibilidad de que se produzca una "revolución" en un sentido que nada tiene que ver con lo conocido o familiar tendría que pasar por aquí, como ya ha sucedido otras veces.

En "La ciencia en coordenadas" hacemos una esquemática reconstrucción de la otra historia de la física, eso que podríamos llamar su contraparte desechada, secundaria o marginal. Hasta tal punto creemos necesaria la inclusión de esta otra historia, que sin ella ni siquiera tienen sentido ni definido contorno las cuatro famosas preguntas de Aristóteles de los *Analíticos Posteriores*, la primera exposición de la investigación científica como sistema coherente de conceptos. Incluso en las Cuatro Nobles verdades del budismo –hay sufrimiento, hay una causa del sufrimiento, hay un final para el sufrimiento, y hay un camino que lleva al fin del sufrimiento- encontramos obvias conexiones con las cuatro preguntas de Aristóteles; pero si tomamos cualquier objeto de conocimiento científico, así sea el más evidente de todos, la luz, nos encontraremos en graves apuros para plantear con equidistancia su definición. Este desequilibrio generalizado en las ciencias experimentales y más allá de ellas bloquea permanentemente la virtual continuidad entre dominios.

Así pues, nos hemos centrado en las cuestiones factuales y definitorias de la investigación, y sólo ocasionalmente hemos usado alguna de las distinciones semánticas de McKeon. Sin embargo, no es difícil ver que la física moderna ha recogido sobre todo los criterios de postulación y construcción, junto a principios universales o globales. Las ciencias modernas en general sólo han tomado de Aristóteles y del modo por resolución la división en disciplinas, pero no su deseable contraparte, que es una conexión interdisciplinar ordenada. Para que ésta fuera de algún modo posible hoy, dando por supuesto el carácter colectivo de semejante empresa, sería necesaria una apertura intradisciplinar de las especialidades hacia sus propias preguntas postergadas u omitidas: en ellas se encuentra su conexión más natural con todo lo demás.

Miguel Iradier

Bibliografía

[1] George Kimball Plochmann. *Richard McKeon –A Study*. The University of Chicago Press, 1990.
[2] La sola excepción que conocemos es el trabajo de Walter Watson: *The Architectonics of Meaning: Foundations of the New Pluralism*. The University of Chicago Press, 1993.
[3] Zahava McKeon. *General Introduction* to the Selected Writings of Richard McKeon. Vol. 1. The University of Chicago Press, 1998.
[4] Richard McKeon. *Philosophy and History in the Development of Human Rigths*. Selected Writings of Richard McKeon. Vol. 1. The University of Chicago Press, 1998.
[5]Richard McKeon. *Imitation and Poetry*. En Thought, Action and Passion. University of Chicago Press, 1954.
[6]Richard McKeon. *On Knowing-The Natural Sciences*. The University of Chicago Press, 1994.
[7] Plochmann, op. cit.
[8] Tim Andrew Obermiller. *Will the real Richard McKeon please stand up?* The University of Chicago Magazine. Dec. 1994.
[9] Richard McKeon. *Discourse, Demonstration, Verification and Justification*. Selected Writings of Richard McKeon. Vol. 2 The University of Chicago Press, 2005.
[10] Richard McKeon. *Character and the Arts and Disciplines*. Selected Writings of Richard McKeon. Vol. 2. The University of Chicago Press, 2005.
[11] Richard McKeon. *Philosophy as a Humanism*. Selected Writings of Richard McKeon. Vol. 1. The University of Chicago Press, 1998.
[12] Richard McKeon.*The Flight from Certainty and the Quest for Precision*. Selected Writings of Richard McKeon. Vol. 1. The University of Chicago Press, 1998.
[13] Richard McKeon. *Being, Existence, and That Which Is*. Selected Writings of Richard McKeon. Vol. 1. The University of Chicago Press, 1998.
[14] McKeon, op. cit. 6.

SEMÁNTICA E INVESTIGACIÓN FILOSÓFICAS

RICHARD MCKEON

La naturaleza y funciones de la filosofía, como las de cualquier otra empresa, está determinada por su temática y por las circunstancias que la condicionan. En el sentido más amplio y ambiguo, la temática y las circunstancias de la filosofía vienen a ser lo mismo, puesto que ambas se desenvuelven a través de los procesos de la naturaleza, la estructura del cosmos, las experiencias de los hombres y las instituciones de las sociedades. Pero en un sentido más preciso y restringido, las fuerzas de la "naturaleza" y los problemas de "experiencia" que condicionan el filosofar difieren de las interpretaciones de la "naturaleza" y de la "experiencia" que resultan de filosofar tanto como difiere un estímulo material de un producto de la teoría. Los comienzos del filosofar son prehistóricos, en el sentido amplio de que las más tempranas fases registradas de la religión, la literatura, la historia, la organización política y la ciencia presuponen e incluso documentan especulaciones y problemas anteriores. La filosofía es una de las marcas de una cultura avanzada, en el restringido y preciso sentido de que la exposición y examen de problemas básicos son puntos culminantes de la teoría, la práctica y la producción. Las filosofías han tomado prestado de la ciencia, la política y el arte; ellas han determinado la naturaleza y organización del conocimiento, la sociedad y la experiencia estética. Las empresas y objetos que han sido tanto contenido como influencia condicionante de una filosofía incluyen otras filosofías. Como contenido temático, la reinterpretación y refutación de otras filosofías, pasadas o contemporáneas, es una parte propia de la exposición de cualquier filosofía; como influencia condicionante, la continuidad de filosofías en la historia y en la controversia hace de cualquier filosofía tanto una reorganización arquitectónica de lo que es sólido en las exposiciones de los filósofos como una exposición catártica de lo que es absurdo. En el sentido amplio y ambiguo hay tantas interpretaciones de la filosofía de Aristóteles o de Wittgenstein como hay interpretaciones de la naturaleza; en el sentido estricto sólo hay una interpretación verdadera de afirmaciones o cosas.

La ambigüedad básica de la exposición filosófica y su discusión no es peculiar de la filosofía. Es común a todo discurso y a la investigación reflexiva en todos los campos. Una de las tareas que ha sido siempre un inseparable o irresistible complemento de la especulación filosófica es la clarificación de ambigüedades. Las ambigüedades y las contradicciones son tratadas de dos maneras en la investigación: o bien son eliminadas por la elección de uno de los muchos significados de un término o afirmación ambiguos y mostrando que los otros son absurdos o irrelevantes; o bien son utilizadas distinguiendo los varios sentidos y las regiones apropiadas para su aplicación. La comunicación y presentación dependen de la definición inequívoca en afirmaciones básicas y de la consistencia resultante en las afirmaciones discursivamente relacionadas; la discusión y la investigación dependen de la ambigüedad productiva en la interpretación de problemas comunes y de la evocadora inconsistencia de las asunciones propuestas para resolverla. La afirmación de la solución de un problema va desde la ambigüedad indiferenciada a la precisión literal. La semántica filosófica es un examen de diferentes soluciones de los problemas filosóficos; la investigación filosófica es un examen de temas comunes para los cuales se pueden encontrar diferentes resoluciones filosóficas. La resolución inequívoca de un problema fundamental a menudo conduce a nuevos problemas ambiguos; la semántica y la investigación son por lo tanto etapas en el proceso en curso de la filosofía. Si están diferenciadas, las relaciones entre filosofías pueden establecerse inequívocamente y la recurrencia de los problemas filosóficos puede distinguirse del progreso de las resoluciones filosóficas.

La interpretación semántica de las filosofías nunca rendirá interpretaciones únicas, adecuadas o universalmente aceptadas de cualquier filosofía, pero la semántica filosófica puede proveer esquemas por los cuales hacer inequívocamente claros los significados atribuidos en una interpretación propuesta a afirmaciones hechas en cualquier filosofía. No hay ninguna relación simple entre distintas posiciones filosóficas ni hay una traducción comprensiva o secuencial posible entre ellas, pero diferentes filosofías están relacionadas significativamente por los problemas comunes que tratan, y la investigación filosófica puede proveer modos por los que relacionar las etapas de diferentes soluciones basadas en diferentes interpretaciones de problemas comunes. Hay una variedad de formas en que se han levantado esquemas de la semántica en la historia de la filosofía, y las distinciones han sido empleadas en una variedad de modos de investigación filosófica. Las distinciones semánticas han acumulado una-

masa de ambigüedades de la que son rescatadas periódicamente por las precisiones de un gran filósofo comprometido en uno de los modos de investigación; y los modos de investigación son reducidos a repeticiones precisas en las doctrinas de una escuela de las cuales son rescatadas periódicamente por la reformulación en controversia de problemas comunes en el modo de una escuela rival. Las precisiones de la semántica filosófica pueden preservarse por las conexiones establecidas por los modos de investigación, y las comunicaciones entre modos de investigación pueden preservarse por precisiones establecidas por las distinciones de la semántica.

Entre los numerosos esquemas semánticos que han sido usados en filosofía, se ha forjado una organización útil y persistente entorno a las diferencias de método. Con toda su ambigüedad, las diferencias entre el diálogo o método dialéctico, el debate o método operacional, la prueba o método logicista, y la indagación o método problemático, fueron establecidas en la filosofía antigua, han pasado a través de historias de replanteamiento y modificación, y son todavía operativas en la filosofía contemporánea. Las ambigüedades surgen en parte porque cada uno de los métodos asume las funciones de los otros: la dialéctica es diálogo, pero es también debate, prueba e investigación, y lo mismo es cierto para cada uno de los otros métodos; pero cada método asume las funciones de métodos opuestos cambiando el método que toma prestado, y la transformación es por lo tanto ambigua y susceptible de aclaración. Las ambigüedades surgen en parte también porque un método es un proceso discursivo que tiene un comienzo o principios, y un fin o conclusiones; y las conclusiones tienen partes constituyentes o categorías. Pueden establecerse cuatro apartados generales para la semántica filosófica: Principios, Métodos, Interpretaciones y Selecciones –pero la diferenciación de métodos, y las relaciones de los métodos con los principios, interpretaciones y selecciones pueden traducirse de forma precisa sólo en referencia a problemas comunes y a modos de investigación filosófica.

Los problemas comunes de los modos de investigación que usan esta semántica construida sobre los métodos son problemas de cosas, pensamientos, hechos y simples. Los modos de investigación pueden ser diferenciados bajo cualquiera de estos encabezamientos, y hay una estricta equivalencia de los modos en su operación sobre los problemas comunes que caen bajo cada uno de esos apartados. Las distinciones del esquema semántico pueden establecerse por lo tanto por consideración de los modos de pensamiento. Incluso en consideraciones no técnicas del pensamiento, pueden distinguirse cuatro modos de pensamiento: es un proceso por el cual las partes son puestas juntas, o se aproximan verdades englobantes, o problemas son resueltos, o formulaciones arbitrarias son interpretadas. Los cuatro son formalmente exhaustivos en sus posibilidades: la asunción de partes mínimas, pero ninguna totalidad excepto por composición; la asunción de un principio ontológico unificador pero no partes mínimas absolutas; el rechazo de partes mínimas y todos separados y la asunción de problemas y naturalezas que se encuentran en la región media; y la asunción de que todas las distinciones son inicialmente arbitrarias. Los cuatro modos de pensamiento son mutuamente excluyentes y exhaustivos de los modos posibles. Cada uno de los modos tiene dos momentos y cada uno hace uso de una asunción básica: construcción y descomposición hacen uso de constituyentes; asimilación y ejemplificación de modelos; resolución y pregunta de causas; y discriminación y postulación de tesis.

Los cuatro métodos distinguidos en semántica filosófica pueden ser diferenciados inequívocamente y sin ambigüedades por los cuatro modos de pensamiento, y las operaciones características de cada uno como método pueden ser aclaradas por el modo de pensamiento usado para definirlo. Puesto que hay una equivalencia estricta entre modos de pensamiento y los modos de cosas, hechos, y simples, la diferenciación por los modos de pensamiento puede ser traducida en diferenciaciones por modos de cosas, hechos, y simples. El método logicista es prueba por construcción y descomposición dependiente de elementos indivisibles; el método dialéctico es diálogo por asimilación y ejemplificación dependiente de modelos inalterables; el método problemático es averiguación por resolución y preguntas dependientes de causas a descubrir; el método operacional es debate por discriminación y postulación dependiente de tesis y reglas. Así definidos, una diferencia importante es observable en los cuatro métodos: dos de ellos, el método dialéctico y el operacional, son métodos universales aplicables a todos los problemas y todas las temáticas, y no requieren primeros principios indemostrables o términos unívocos; los otros dos, el método logicista y el problemático, son métodos particulares, que requieren procedimientos metodológicos distintos para diferentes problemas y temáticas, cada uno con sus propios primeros principios indemostrables y definiciones unívocas.

Los principios que son empleados en conjunción con uno de los métodos no necesitan ser determinados por el mismo modo de pensamiento que el método. No obstante, las clases de principios pueden distinguirse unos de otros, como fueron los métodos, por el uso de los modos de pensamiento. Además, los principios son inicios, y los inicios pueden hallarse tanto en totalidades determinativas como en partes generativas; y dos modos de pensamiento remiten a principios holoscópicos, mientras dos modos remiten a principios meroscópicos. Los principios comprensivos son holoscópicos en tanto que ellos asimilan todas las cosas, pensamientos, símbolos y acciones en un todo incluyente formado por un principio global. Los principios reflexivos son holoscópicos en tanto que ellos resuelven problemas en una pluralidad de totalidades formadas por principios que son reflexivamente instancias de sí mismos. Los principios simples son meroscópicos en tanto que ellos descomponen cosas, pensamientos, símbolos, o acciones en átomos, ideas simples, términos no definidos o impulsos incondicionados desde los cuales construir lo que es sabido que hay o lo que es pensado o sentido o deseado. Los principios accionales son meroscópicos en tanto que postulan distinciones por las que discriminar en clases lo que es dicho, hecho o construido.

Las proposiciones que son establecidas como conclusiones y las acciones que son determinadas como consecuencias de principios y métodos no necesitan ser determinados por el mismo modo de pensamiento que los principios o los métodos. Sin embargo las clases de interpretaciones pueden ser determinadas, como los métodos y los principios, por el uso de los modos de pensamiento. Es más, encontramos que las conclusiones o consecuencias son de dos clases; pueden derivar su carácter de una realidad que se asume que trasciende o subyace a los fenómenos y afirmaciones, o pueden reducir la realidad y los valores a aspectos o consecuencias de los fenómenos. Las interpretaciones ontológicas son ónticas en tanto que asimilan lo que parece ser el caso a una realidad que trasciende y corrige las apariencias. Las interpretaciones entitativas son ónticas en tanto que construyen cualidades secundarias, percepciones, emociones y otras apariencias de una naturaleza que subyace a los fenómenos. Las interpretaciones esencialistas son fenomenales en tanto que resuelven problemas buscando propiedades y causas que son funciones naturales o condicionamientos adquiridos. Las interpretaciones existencialistas son fenomenales en tanto que discriminan afirmaciones y significados que pueden ser usados para producir conocimiento o actitudes o satisfacciones.

Las rigideces de doctrina y las ambigüedades de los problemas por los que la filosofía es a veces puesta a prueba se resuelven por la interacción de la semántica filosófica y la investigación filosófica. Un problema filosófico es ambiguo. La discusión filosófica de un problema explora una respuesta ampliamente ambigua a una pregunta, y en la interpretación de la pregunta, se usan diferentes significados para formar hipótesis opuestas que guían las resoluciones del problema en diferentes modos de investigación. En la controversia las reformulaciones resultantes de la respuesta ambigua original son situadas en oposición como si fueran unívocas y como si la elección entre ellas fuera un simple problema de lógica que envolviera poco más que la resolución de contradicciones. Los diferentes significados y referencias de afirmaciones pensadas como contradictorias son examinadas en la semántica filosófica; y su adecuación, sus relaciones con cada una de las otras, y los problemas nuevos que pueden suscitar son temas de la investigación filosófica.

La pregunta ¿Qué es la libertad? es una de las recurrentes cuestiones ambiguas de la filosofía que ha abierto nuevas dimensiones en el pensamiento y la acción contemporáneas. Es una pregunta significativa porque la interpretación inicial, "la libertad es ausencia de impedimentos externos a la acción", centra la atención en la necesidad de eliminar las ambigüedades de "ausencia", "externos", "impedimentos", y "acción", y la cantidad creciente de ambigüedades que emergen con cada afirmación aclaratoria. El esquema semántico construido desde los modos de pensamiento presenta, hasta aquí (ver la carta), tres conjuntos de determinaciones de la cuestión ¿Qué es la libertad? Qué es la libertad de hecho o interpretación, ¿Qué cosas son libres?; Qué es la libertad en pensamiento o método, ¿Qué propiedad comparten las cosas libres?; Qué es libertad en tanto que ser o principio, ¿Cuáles son las condiciones de posibilidad o realidad de la libertad? Las preguntas toman un amplio ámbito de significados bajo estas distinciones; y puesto que una interpretación completa de la cuestión hace uso de los cuatro encabezamientos semánticos, el número es aumentado por la posibilidad de combinaciones posibles de los cuatro. Este número indefinidamente grande de posibles significados es la fuente de riqueza de la investigación filosófica, pues cada interpretación puede ser usada como hipótesis para la investigación posterior.

La pregunta ¿Qué es la libertad?, tratada como ¿Qué o quiénes son libres?, es una cuestión de interpretación. De acuerdo con la interpretación entitativa la libertad es movimiento no impedido, y los impedimentos externos son obstáculos al movimiento; los *cuerpos* son libres. La libertad humana es un ejemplo de libertad para moverse: es autodeterminación en tanto que opuesta a la restricción o coerción. De acuerdo con la interpretación existencialista la libertad es actividad indeterminada o espontánea, y los impedimentos externos incluyen los obstáculos psicológicos tanto como los físicos, y las fijezas de las respuestas habituales y automáticas. Los *seres animados* son libres. La libertad humana es un ejemplo de la libertad de originar; es libertad de auto-iniciación o auto-expresión como opuesta a la conformidad a lo acostumbrado en la acción, la opinión o el gusto. De acuerdo a la interpretación esencialista la libertad es acción de acuerdo con la elección deliberada, y los impedimentos externos incluyen la falta de pensamiento y decisión tanto como los obstáculos físicos y psicológicos. Los *hombres* son libres. La libertad humana es auto-ajuste o auto-realización como opuestos a la dependencia de la naturaleza, el azar o la fortuna para el logro de valores. De acuerdo con la interpretación ontológica la libertad es pensamiento y acción autónomos, y los impedimentos externos incluyen la falta de sabiduría tanto como las limitaciones de la razón y la voluntad; en un sentido estricto sólo *Dios* es libre y los seres inteligentes o los hombres sabios se aproximan a la libertad divina. La libertad humana es auto-perfeccionamiento en tanto que opuesto a la determinación por inclinaciones mundanas, animales o físicas. En este amplio espectro, desde los cuerpos hasta Dios, de interpretaciones sobre qué o quién es libre, las interpretaciones ónticas son radicalmente distintas de las interpretaciones fenomenales: las libertades ónticas consisten en hacer lo que uno debiera –actuando de acuerdo a la naturaleza de uno o de acuerdo a la sabiduría- ya le guste a uno o no; mientras que las libertades fenomenales consisten en hacer lo que a uno le complace –espontánea o voluntariamente- puesto que la libertad es una precondición de la acción virtuosa y no una operación de la naturaleza o un efecto del bien.

¿Qué es la libertad? tratada como ¿Qué es la libertad de los libres, o qué acciones son libres?, es una pregunta de método o del uso del pensamiento en el reconocimiento o logro de la libertad. El conocimiento tiene una relación directa con la libertad concebida de acuerdo con los métodos universales –uno debe tener conocimiento, en la forma de conocimiento apropiado al método, para ser libre. La relación del conocimiento con la libertad es indirecta en la libertad lograda por los métodos particulares –uno no necesita poseer él mismo el conocimiento que se necesita para asegurar y salvaguardar la libertad propia. Las libertades universales dependen del conocimiento concebido como sabiduría o el conocimiento concebido como poder. Las acciones libres son acciones sabias; y los impedimentos en el camino de la libertad son eliminados *dialécticamente* por la educación y por el desarrollo del conocimiento conducente a la sabiduría. Las acciones libres son acciones voluntarias; y la libertad es lograda y conservada *operacionalmente* por la adquisición y uso de poder y de conocimiento que es poder. Las libertades particulares dependen del conocimiento concebido como ciencia o del conocimiento concebido como prudencia. Las acciones libres son acciones de acuerdo con la naturaleza de uno; y los obstáculos, inhibiciones y enajenaciones pueden ser eliminados para restaurar la libertad natural por la terapia realizada por un experto en una ciencia *logicista* de la naturaleza humana y sus enfermedades. Las acciones libres son acciones deliberadas; y en una consideración *problemática* la libertad es tanto precondición como efecto de la sociedad democrática, que opera de acuerdo con la prudencia, la recta razón, o la norma de la ley, sin necesidad de que todos los hombres libres estén dotados de prudencia o sean expertos en jurisprudencia.

¿Qué es la libertad?, tratada como ¿Cuáles son los fundamentos de la posibilidad o la realidad de la libertad?, o ¿Qué decisiones son libres?, es una pregunta de principios o fundamentos de la libertad en el ser. La posibilidad de libertad está fundada en el ser del universo o del hombre para principios holoscópicos –las decisiones prácticas son cognitivas si la regla para uno mismo es posible aproximando la propia acción a una estructura racional en todo el ser o estableciendo instituciones sociales en las cuales los hombres están regulados por deliberaciones y decisiones que hacen y en las que participan. La realidad de la libertad está basada en acuerdos o convenciones de los hombres para principios meroscópicos –las decisiones prácticas son emotivas y persuasivas si el fin de la acción es asegurar lo que uno quiere y si los valores están determinados por el acuerdo concerniente a los deseos por satisfacer y los placeres a obtener. La sociedad y la justicia están basadas en la naturaleza y en el ser para principios holoscópicos, y pueden hacerse transiciones en inferencia válida desde lo que es a lo que debería ser. Las comunidades, lo correcto y lo incorrecto están basados en la convención y acuerdo para principios meroscópicos, y ninguna inferencia es posible desde lo que es a lo que debería ser. Los principios holoscópicos sitúan la libertad en un universo racional o en las sociedades humanas. Los principios globales, que establecen una coincidencia reflexiva entre aquello que es y aquello que es inteligible, hacen la libertad en los seres inteligentes una autorregulación de las inclinaciones y las emociones por la razón. Los principios reflexivos, que establecen comienzos reflexivos en investigaciones y campos separados, limitan la libertad a los principios de ética y política y convierten la libertad en una autorregulación dentro la acción práctica. Los principios meroscópicos sitúan la libertad en la búsqueda del placer y el establecimiento de asociaciones. Los principios simples, que proveen los elementos desde los cuales construir lo que es real, buscan los elementos de la comunidad y el valor en las preferencias y acuerdos: la libertad opera en la búsqueda de placeres y el establecimiento de preferencias. Los principios accionales son principios arbitrarios usados en la formulación e interpretación de lo real y en el fomento del placer y el bien público y privado.

El esquema semántico hace posible explorar en preciso detalle tanto el hecho obvio de que los filósofos no quieren decir lo mismo cuando hablan de la libertad como el hecho menos frecuentemente reconocido de que los diferentes significados han sido explorados en implicaciones y aplicaciones que sólo raramente emergen en secuencias comparables o en conclusiones que puedan situarse en una correlación simple. La semántica filosófica revela filosofías inequívocas pero con relaciones mutuas de ambigüedad y controversia a causa de los problemas comunes. Los esquemas semánticos han sido construidos dando significados precisos a los tipos de métodos, interpretaciones y principios definiendo cada uno por un modo de pensamiento –asimilación, discriminación, construcción y resolución. A una afirmación ambigua, como la definición inicial de libertad, se le pueden dar por tanto significados inequívocos determinados por los métodos, interpretaciones y principios. Las resoluciones no ambiguas de un problema, como el problema de la libertad, pueden ser vistas en sus relaciones ambiguas con cada una de las otras por la transformación del esquema que muestra como los términos básicos usados para analizar el conocer –conocimiento, conocedor, conocido y conocible- son transformados en sus significados de un análisis a otro.

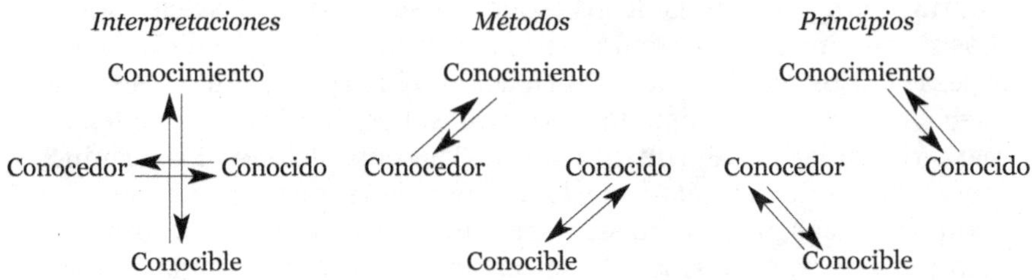

Las interpretaciones ónticas establecen relaciones entre el conocimiento y lo conocible: las interpretaciones ontológicas asimilan lo conocible al conocimiento; las interpretaciones entitativas construyen conocimiento desde los elementos de lo conocible. Las interpretaciones existencialistas presentan lo conocido (naturaleza, sociedad, hombre y arte) como productos de la discriminación y actividad del conocedor; las interpretaciones esencialistas resuelven los problemas encontrados en lo conocido en la teoría, práctica y producción para reconstituir lo conocido en una forma nueva. En el método dialéctico el conocimiento es el objetivo que el conocedor busca y aproxima; en el método operacional el conocedor hace conocimiento. En el método logicista lo conocible es transformado en lo conocido; en el método problemático lo conocido es usado para investigar en lo conocible. Los principios holoscópicos proporcionan comienzos que son una coincidencia de conocimiento y conocido: los principios globales establecen coincidencias incluyentes de aquello que es más verdadero y aquello que es más inteligible; los principios reflexivos buscan una pluralidad de materias temáticas que son deslindadas por ejemplos de conocimiento que resulta auto-ejemplar y por seres que son auto-causados o primeras causas. Los principios meroscópicos proporcionan comienzos en los cuales las contribuciones del conocedor y de lo conocible están separados uno de otro y de la influencia de uno sobre el otro: los principios accionales proveen comienzos en términos no interpretados dispuestos en relaciones fijas pero indefinidas por tesis o postulación antes de ser interpretados para producir conocimiento y valores; los términos simples proveen comienzos que no tienen partes y por lo tanto ningún error posible, a partir de los cuales las cosas compuestas y las imágenes y convenciones puedan formarse sin error en pasos simples.

Las ambigüedades de los problemas de la filosofía y las precisiones de las afirmaciones de la filosofía fijan los problemas de definir la cuarta y última columna de los esquemas semánticos, las Selecciones. Los simples pueden ser enumerados, pero la explicación de sus naturalezas y usos requiere de la afirmación o interpretación que es establecida por el uso de método y principios. Los simples son empleados para formar las partes constitutivas de las proposiciones, los términos y conexiones de los métodos, y las simplicidades de los principios. Los modos de pensamiento pueden ser traducidos en modos de simplicidad para definir los tipos de selección. Simples de asimilación son categorías de pensamiento –ideas y presentaciones que son modos de ser o de fenómenos; ellos disponen la selección en jerarquías ordenadas a una idea o ser trascendente. Simples de discriminación son categorías de lenguaje o acción –símbolos (o intenciones) y reglas de operación (o ejecución); ellos disponen la selección en tipos ordenados por perspectivas de orientación (o propósito). Simples de construcción son categorías de cosas –discernidas por cognición y emoción; disponen la selección por materias u objetos a los cuales otros arreglos de procesos y materiales pueden ser transformados por reducción. Simples de resolución son categorías de términos –naturalezas y disposiciones; disponen la selección como funciones por las cuales las naturalezas pueden ser definidas y clasificadas. La exposición de una filosofía envuelve una particular selección de categorías, que es coloreada por la selección general característica de la comunicación filosófica de un periodo haciendo a veces metafísico el uso primario y la determinación de categorías con objeto de aclarar los principios (después de una revuelta contra la sofística y el empirismo), a veces epistemológico, por el ordenamiento crítico y metodológico de juicios y consecuencias (después de una revuelta contra el dogmatismo y la teoría metafísica), a veces semántico y pragmático por el establecimiento de afirmaciones justificadas y acciones efectivas (después de una revuelta contra idealismos y psicologismos). La ambigua pregunta, ¿Qué es la libertad? toma su cuarta determinación de la selección de categorías, ¿De qué estamos hablando cuando hablamos de libertad y cómo fijamos nuestros significados? Hay cuatro posibles determinaciones de lo que tiene significado y lo que se significa: pensamientos básicos y aproximaciones a ellos; ordenamientos arbitrarios de la experiencia interpretados asignando significados a las palabras en las cuales está expresada; constructos compuestos de cosas conocidas o imágenes percibidas; y naturalezas y disposiciones significadas y denotadas por términos.

La interacción de los modos de investigación filosófica y el esquema de semántica filosófica se hace patente tanto al enmarcar los problemas comunes para la interpretación y la investigación en diferentes filosofías como al desarrollar filosofías particulares en distinción y oposición a otras filosofías. Las estructuras interdependientes son expuestas en forma paralela en la carta siguiente:

MODOS DE INVESTIGACIÓN FILOSÓFICA

Modos de Ser *Ser*	*Modos de Pensamiento* *Aquello que es*	*Modos de Hecho* *Existencia*	*Modos de Simplicidad* *Experiencia*
Ser y Devenir	Asimilación y Ejemplificación (modelos)	Realidad y Aproximación	Categorías de Pensamiento (Ideas y presentaciones)
Fenómenos y Proyecciones	Discriminación y Postulación	Proceso y Marco	Categorías de Lenguaje y Acción (Símbolos y reglas)
Elementos y Compuestos	Construcción y Descomposición (constituyentes)	Objeto e Impresión	Categorías de Cosas (Cognición y Emoción)
Actualidad y Potencialidad	Resolución y Pregunta (causas)	Substancia y Accidente	Categorías de Términos

ESQUEMAS DE SEMÁNTICA FILOSÓFICA

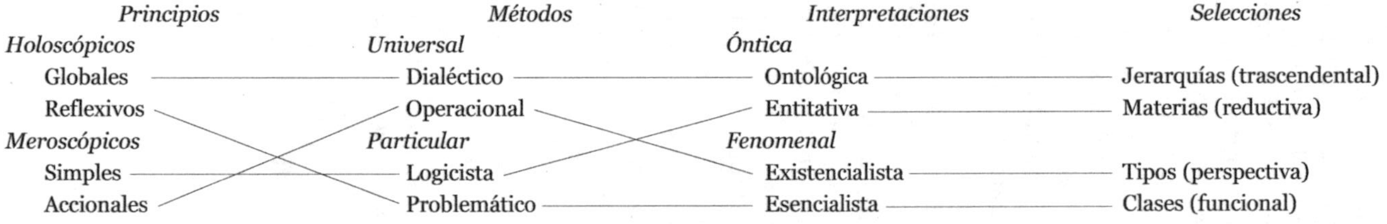

Principios	*Métodos*	*Interpretaciones*	*Selecciones*
Holoscópicos	*Universal*	*Óntica*	
Globales	Dialéctico	Ontológica	Jerarquías (trascendental)
Reflexivos	Operacional	Entitativa	Materias (reductiva)
Meroscópicos	*Particular*	*Fenomenal*	
Simples	Logicista	Existencialista	Tipos (perspectiva)
Accionales	Problemático	Esencialista	Clases (funcional)

DIVISIONES BÁSICAS DE LA FILOSOFÍA

Teorética	Física	Filosofía	Lógica
Práctica	Ética	Poesía	Retórica
Poética	Lógica	Historia	Gramática

PROBLEMAS BÁSICOS

Todo	Universal	Realidad	Uno
Parte	Particular	Proceso	Muchos

La equivalencia básica de los modos de ser, pensamiento, hecho y simplicidad es indicada en la carta de los modos de investigación por las líneas conectando los modos. Los principios, métodos, interpretaciones y selecciones que emplean un modo simple están conectados igualmente en la carta semántica por líneas que trazan vías de las clases inclusivas a las simples. Las divisiones básicas de la filosofía tabuladas debajo de las dos cartas tienen su origen en el modo dominante bajo el que son clasificadas. La división en teorética, práctica y poética tiene un fundamento metafísico y fue desarrollada por Aristóteles en un tratamiento por controversia de los problemas de la filosofía y las posiciones de los filósofos. La división en física, ética y lógica tiene origen helenístico; Aristóteles la usa en los Tópicos como una clasificación de cuestiones dialécticas. La distinción entre filosofía, poesía e historia se hace cuando el énfasis está en los modos de hecho y declaración, y Aristóteles la usa para determinar la naturaleza propia de la poesía. La filosofía se convierte en lógica, retórica o gramática cuando devienen centrales las cuestiones de estructura y las partes categoriales. Los problemas básicos listados en la última tabulación surgen en la diferenciación de principios, métodos, interpretaciones y términos bajo los cuales son tabulados.

La discusión de posiciones filosóficas es una discusión de hechos sobre filosofías; la discusión de problemas filosóficos es una discusión de temas entre filosofías. La semántica filosófica es un método para asegurar la precisión en la presentación e investigación de posiciones filosóficas; la investigación filosófica es un método para introducir flexibilidad en la presentación e investigación de problemas filosóficos. Ellas se complementan entre sí, ya que la semántica filosófica se hace rígida y doctrinaria si pierde contacto con los problemas para los cuales las posiciones son soluciones, y la investigación filosófica se hace abstracta y sectaria si corta la comunicación con otras posiciones e interpretaciones del problema.

El esquema semántico no proporciona una determinación final de lo que una afirmación filosófica significa, sino más bien un medio de aislar sucesivos aspectos de significados propuestos para consideración y desarrollo. Su uso puede ser ilustrado bosquejando algunos de los puntos destacados de los significados que han sido adoptados por los cuatro métodos enumerados. Las filosofías no han seguido frecuentemente las líneas trazadas en la carta donde los métodos se relacionan con los principios, interpretaciones y selecciones determinadas por un mismo modo de pensamiento, y un aspecto de la diversificación de métodos surge de las innovaciones introducidas al alterar principios, interpretaciones o selecciones.

Las metamorfosis del método dialéctico van desde el método sinóptico que usó Platón para discutir todos los problemas, al escepticismo de la Academia, pasando por el trascendentalismo y misticismo de los Neoplatónicos, el creacionismo y misticismo cristianos, o el materialismo marxista. Platón combinó el método dialéctico con principios globales e interpretaciones ontológicas; el método dialéctico se retuvo en el escepticismo de la Academia pero fue empleado con principios de acción y una interpretación existencialista; Plotino restauró la interpretación ontológica con dialéctica pero usó principios simples; Agustín combinó el método dialéctico y la interpretación ontológica con principios accionales; Hegel utilizó el método dialéctico con principios reflexivos y una interpretación entitativa; Marx le dio la vuelta de arriba abajo a Hegel reteniendo el método dialéctico y la interpretación entitativa pero sustituyendo los principios reflexivos por los de acción.

El método logicista fue usado por Demócrito y Euclides en la antigüedad y por Hobbes, Newton, Locke, Descartes, Spinoza y Leibniz en el siglo diecisiete y por Peirce y Santayana en los tiempos recientes. La influencia de Descartes o Newton es difícil de rastrear sin distinciones semánticas: así, Descartes empleó el método logicista con principios reflexivos y una interpretación existencialista; la crítica y las modificaciones de Spinoza se centraron en la interpretación, y por lo tanto retuvieron el método y los principios pero sustituyeron la interpretación existencialista por una interpretación ontológica.

El método operacional fue el método de los sofistas, los escépticos pirronianos y Cicerón en la antigüedad; de Galileo, Bacon, Berkeley y Hume en los siglos diecisiete y dieciocho; y de Kant y John Stuart Mill. Mill expresó admiración por la ética de Kant y se empeñó en mostrar que el imperativo categórico puede fundamentarse sólo por la consideración utilitaria de las consecuencias; Kant usó una combinación del método operacional (él observó que su método fue el método del escepticismo) y de principios reflexivos con una interpretación ontológica; Mill usó el mismo método (que se preció de derivar de Cicerón) y principios con una interpretación existencialista.

El método problemático fue usado por Aristóteles en la antigüedad, por Tomás de Aquino y algunos otros escolásticos del siglo trece y catorce, y por William James y John Dewey. Aristóteles usó un método problemático, principios reflexivos, y una interpretación esencialista; el de Aquino retuvo el método y los principios pero sustituyó la interpretación esencialista por una interpretación ontológica. James pensó que el pragmatismo era una continuación del utilitarismo de Mill: Mill usó un método operacional con principios reflexivos y una interpretación existencialista; James retuvo la interpretación pero usó el método problemático y principios accionales; Dewey continuó con el método problemático y principios de acción pero usó una interpretación esencialista.

Los modos de investigación filosófica no proporcionan una lista fija de los problemas persistentes, recurrentes o perennes de la filosofía, sino más bien una estructura para la formación de hipótesis relativas a preguntas comunes vistas desde la orientación de diferentes modos de investigación. La interpretación de la estructura de diferentes modos arroja cuestiones que han sido o podrían ser planteadas y desarrolla un contexto de cuestiones relacionadas. Así, los cuatro modos de investigación toman forma particular en las cuatro cuestiones científicas planteadas por Aristóteles al comienzo del segundo libro de los *Analíticos Posteriores*: la experiencia es el asunto de la pregunta de si algo es o no es; la existencia concierne a la pregunta sobre qué es; aquello que es responde a la pregunta sobre de qué clase es; y el ser es la fuente de respuestas a la pregunta de porqué algo es. Las cuatro mismas cuestiones se convirtieron en las cuatro *constitutiones* de los retóricos romanos, de donde pasaron a la filosofía política y del derecho. Ellas proporcionan una base para la reformulación de problemas metafísicos que traté una vez en un ensayo titulado "El Ser, la Existencia y Aquello Que Es". Ellas sirven para relacionar, en una rica variedad de maneras, las categorías que son modos de simples y los trascendentales que son predicados reflexivamente unos de otros y que son modos del ser. La distinción entre cosas mejor conocidas por nosotros y cosas mejor conocidas en la naturaleza y la prolija progenie de esa distinción que incluye la distinción entre *a posteriori* y *a priori* explora las relaciones entre los modos de experiencia y los modos del ser. Los modos de investigación sirven para desenredar la enmarañada historia de los métodos de inducción y deducción, análisis y síntesis, descubrimiento y prueba que primero surgieron de modos distintos y luego se fusionaron variadamente entre sí y se invirtieron.

Los modos de investigación sirven, finalmente, para separar estructuras continuadas de problemas de estructuras indicativas de innovación, y sugieren la riqueza de posibilidades abiertas cuando la selección dominante es los modos de hecho y de existencia que se convierten en problemas de concreción de acción y afirmación. Ha sido la esperanza de muchos filósofos recientes que para partir de lo concreto hay que evitar falsos problemas y controversias sin sentido. Esa expectativa se ha encontrado con la dificultad de que las filosofías particulares que se comprometen a ser arquitectónicas se han enfrentado a controversias y oposiciones. Se ha prestado demasiada poca atención al hecho de que problemas comunes han sido tratados de maneras diferentes o a la posibilidad de que el acuerdo de las filosofías no ha de encontrarse en una ideología común o un lenguaje común sino en una empresa común a la cual las diferentes filosofías hacen contribuciones suplementarias.

LA CIENCIA EN COORDENADAS

MIGUEL IRADIER

La ciencia ha intentado meter al mundo, a las cosas y al hombre dentro de coordenadas; pero sus propias coordenadas se nos escapan, pues no son externas a su misma actividad. Si contemplamos esto con la debida proporción, ya tenemos lo que queremos, y podemos poner a la ciencia entera en su lugar; en sus propias e inadvertidas coordenadas.

Junto al desarrollo propiamente técnico y acumulativo de los temas científicos persiste, e incluso es más importante que nunca, el problema de la orientación del juicio individual, que puede estar en franco contraste con las contingencias de un desarrollo esencialmente colectivo. Intentaremos mostrar, como si de una brújula se tratara, los puntos cardinales en los que sigue sustentándose este juicio, con las líneas argumentales que surgen recurrentemente dentro del desarrollo histórico de cualquiera de sus grandes temas.

I

Un desafío permanente para la investigación es cómo lograr que la enorme masa de conocimientos acumulados no sea un obstáculo, u obstaculice lo menos posible, la percepción fresca de los nuevos problemas tanto como la reconsideración de los problemas viejos, incluso cuando éstos ya se han dado por resueltos; pues ambas se relacionan de manera tan íntima como poco apreciada.

Tomemos como modelo la Física Matemática. Partiendo de Galileo, Kepler y Newton, son muchos los que tienen alguna familiaridad con los grandes jalones de su desenvolvimiento, y apenas nadie duda de su papel troncal para las diversas ramas de la revolución científica moderna. También son muchos los que tienen algún grado de familiaridad con los problemas más llamativos de la llamada física fundamental y la cosmología con la que viene inevitablemente asociada. A menudo, estos problemas resultan llamativos para el profano justamente por su tinte filosófico, puesto que mantienen en buena medida la apariencia y el prestigio de las preguntas últimas sobre la naturaleza de la realidad.

La Física mantiene su prestigio como teoría por la presunta simplicidad de sus respuestas, y mantiene su prestigio ante la ciencia aplicada por ser la fuente de la que emana todo cálculo y predicción. Y además, mantiene el prestigio adicional de ser la única ciencia que aspira a reducir los fenómenos de este mundo a la unidad, que a su vez entrañaría la máxima simplicidad posible y el rango más generalizado de predicción y de poder. Ahora mismo, sin embargo, se encuentran seriamente cuestionadas tanto la viabilidad de una teoría unitaria, la simplicidad de su posible expresión, y la ampliación del dominio predictivo por el efecto de teorías más generales. Abundando tanto la literatura sobre esta situación de encrucijada, haremos sólo el más esquemático repaso.

El problema más llamativo desde cualquier punto de vista es la separación que sigue existiendo entre la mecánica clásica-relativista que se ocupa de los fenómenos macroscópicos y la mecánica cuántica correspondiente al mundo microscópico. Generalmente se asume desde el principio que cada una de estas teorías es idónea para su dominio, y la principal dificultad sería describir la gravedad en términos microscópicos y especificando su mediador material; a esto se lo denomina "cuantización de la gravedad", si bien no deja de haber físicos procedentes del ámbito relativista reivindicando por el contrario el carácter incompleto de las descripciones cuánticas y la necesidad de hacerlas más geométricas, deterministas, o racionales.

La separación es llamativa porque parece obvio que la naturaleza no puede estar jugando simultáneamente a dos juegos tan radicalmente distintos; es mucho más razonable pensar que semejante escisión se deba sólo a nuestras convenciones. La mecánica cuántica, por su parte, se ha desarrollado en la moderna física de partículas que permite predicciones exitosas para tres esferas de fenómenos marcadamente distintas, que se identifican básicamente con tres fuerzas subyacentes: el electromagnetismo, la fuerza débil responsable de desintegraciones y transmutaciones atómicas, y la fuerza nuclear fuerte. Hay una unión parcial entre la primera y la segunda, para lo que se conoce como "fuerza electro-débil"; por lo demás, pueden distinguirse dos tipos de fuerzas débiles, así como dos partes bien diferentes de la cohesión fuerte, correspondientes a los denominados quarks y gluones –sin hablar de la gran variedad de interacciones posibles entre ellas. Toda esta física de partículas queda englobada en lo que se conoce como el "modelo estándar"; y si las teorías de campos del modelo estándar no han podido hasta ahora incorporar la gravedad, tampoco han podido lograr la unificación de las tres fuerzas de su dominio, que siguen mostrando grandes divergencias.

El índice más usado para mostrar la complejidad o falta de simplicidad de las presentes teorías es el número de parámetros que no pueden derivarse de la propia teoría: los llamados parámetros libres, que hay que introducir a mano o expresamente tomándolos prestados de puras medidas experimentales. Ya en el modelo estándar hay veintitantos de tales parámetros, o unos treinta considerando las inesperadas variaciones de masa de algunas partículas como los neutrinos. A muchos este o cualquier otro número no les dirá apenas nada, pero si se piensa que estos parámetros son como teclas o comandos para incógnitas que podrían tener cualquier otro valor, y que con veintitantas teclas alfabéticas se pueden escribir toda la literatura conocida e infinitas más, tal vez podamos hacernos una idea. La comparación no puede ser nunca proporcionada desde el momento en que los parámetros representan valores de magnitudes continuas; pero dado que existe una enorme sensibilidad en los ajustes de los valores, el número de variaciones divergentes, si acaso es realmente cuantificable, alcanza pronto cifras astronómicas.

Pero la situación se complica mucho más cuando se intenta cuantizar la gravedad. Tomemos lo que se conoce genéricamente como "teoría de cuerdas", puesto que ha sido la línea de investigación con más predicamento en las últimas décadas. En este caso, además de seis dimensiones inobservables añadidas a las cuatro del espaciotiempo, se requieren de 100 a 125 de estos parámetros teóricamente arbitrarios, con la nada despreciable diferencia de que en este caso ni siquiera se conoce el valor experimental de la mayoría de ellos. Esto vale también para la muy popular idea de la supersimetría, idea que ha alcanzado predicamento, antes que por justificaciones teóricas, por la cantidad de cálculos que simplifica. Las variaciones de estos parámetros arrojan un fantástico número de configuraciones del vacío posibles del orden de 10^{500}, cada uno de ellos con diferentes consecuencias. Aun si se piensa que el número de partículas del universo observable suele contabilizarse con un número del orden de 10^{80} , no es fácil hacerse una idea del número de elecciones posibles que estos números implican.

Las solas cifras bastan para indicarnos que lo que se considera como física fundamental ha dejado hace tiempo de brillar por su simplicidad. Naturalmente, ante semejante panorama, la única fe concebible es la de que todo terminará por simplificarse; pero en cualquier caso no es esto lo que se advierte ahora. Junto a estas evidencias de complejidad intrínseca o estructural, se recrudecen, del otro lado, las objeciones de buena parte de los físicos por la falta de contraste experimental y el ambiente de "especulación inmoderada" que desde hace decenios parece haber tomado el relevo. Cabe todavía decir que nadie tiene la culpa de que los experimentos relevantes para llenar este gran vacío puedan situarse a energías millones de millones de veces superiores a las que son accesibles, o que la vastedad del universo imponga un desequilibrio forzoso entre lo efectivamente observable y aquello que sólo se puede inferir. En consonancia con lo anterior, aunque en otro orden, se objeta además que estos intentos de unificar las distintas teorías apenas son capaces de hacer predicciones, y que incluso dentro de la física conocida obtienen desviaciones mayores de los datos experimentales que en las fórmulas del modelo estándar. Pero, aunque sólo fuera por el número de parámetros que se manejan, lo sorprendente para el profano es que lleguen a hacer alguna predicción en absoluto.

Esto es suficiente para comprobar el delicado momento en que se encuentran los tres grandes prestigios de la física: su simplicidad, su poder predictivo y su búsqueda de la unidad. No hemos hecho otra cosa que recapitular los rasgos más gruesos del estado del arte en la disciplina tal como acostumbran a contemplarlo sus integrantes. Al lego en la materia, no menos que al físico, tiene que chocarle la gran escisión que existe entre la forma de describir los fenómenos macroscópicos y la forma de describir los microscópicos; cualquiera que llegue a plantearse la diferencia sentirá un deseo natural de averiguar qué clase de unidad puede darse entre ambas. Pero al lego, a diferencia del especialista, también le puede parecer chocante que la unidad que los físicos buscan deba encontrarse a distancias tan fantásticamente diminutas como la escala Planck; pues de no haber sido por una serie de asunciones e inferencias, nadie hubiera perdido nunca el sueño por saber qué pueda a ocurrir a esas distancias o si el espacio puede allí adoptar curvaturas diferentes.

La pregunta que puede plantearse es si de verdad no hay ninguna "física fundamental" por conocer salvo en los extremos de la escala, si realmente no ha quedado nada inadvertido entre medio. Y de ordinario se responde que no hay nada propiamente "fundamental" por conocer en la zona intermedia, y que la riqueza de fenómenos que emerge en toda esta franja y está ante nuestra vista no tiene más misterios pendientes que la complejidad inherente a las múltiples interacciones y la más que frecuente imposibilidad de calcularlas. Esto implicaría que la brecha entre las dos descripciones fundamentales está cubierta por otra brecha, la que hay entre la física fundamental y la complejidad atribuible a los fenómenos. Y aunque está claro que también así se puede intentar una explicación de las cosas, persiste intacto un enorme margen para la ambigüedad.

II

Tal como se acostumbra a contar, la historia de la ciencia resulta demasiado previsible; sabemos tan bien cómo cada cosa va a terminar. Cuesta creer cómo pudieron existir tantas tentativas, reticencias y dudas, con lo claro que ahora ha quedado todo. En ninguna otra rama de la historia brilla tan intensamente el destino manifiesto, la predeterminación hacia la situación actual. En la historia general, y también en nuestra propia vida, se procura evitar la siempre inconsistente pregunta de cómo habrían resultado las cosas si hubieran sucedido de otra manera; de cómo sería hoy el mundo, por ejemplo, si la revolución americana o la francesa no hubieran tenido nunca lugar. Frente a tales interrogantes percibimos, por un lado, la sobrecogedora fragilidad y contingencia de los acontecimientos; y del otro lado, intentamos siempre convencernos de que las cosas no podían suceder de otra forma –y no nos falta razón, pues ese pasado es ya parte necesaria de nuestro presente. El desenvolvimiento histórico de la ciencia no es en esto una excepción, pero con todo, mantiene una marcada singularidad. En el poco lícito juego de los preteribles, uno es libre de plantearse si la mecánica cuántica hubiera podido ser distinta de haberse desarrollado antes de la relatividad especial; o, a la inversa, si la relatividad habría sido diferente de haberse formulado después del célebre artículo de De Broglie sobre la dualidad onda-corpúsculo. Cuando más cercanos estén dos desarrollos en el tiempo, más grandes son las incógnitas e incertidumbres, más susceptibles de conmixtión, y a la inversa: Sabemos que la mecánica clásica de Newton influyó de forma evidente en la teoría del electromagnetismo, ya desde el mismo Coulomb; pero nos resulta apenas concebible que se hubiera desarrollado antes la teoría electromagnética que la de la gravedad –a pesar de que los fenómenos eléctricos y magnéticos llamaron la atención del hombre mucho antes y de forma mucho más poderosa que una gravedad casi inadvertida como fuerza.

Se pueden aducir innumerables argumentos sobre todo esto, que nunca conducirán a nada. La propia historia de la ciencia, tal como hoy la concebimos, nos obliga a pensar en términos del refinamiento de las herramientas matemáticas así como el refinamiento de la capacidad experimental, que ha aumentado sostenidamente su precisión para medir fenómenos siempre más distantes, más minúsculos o más veloces. Claro que así sólo volvemos a reafirmar el aspecto de necesidad, para dejar de lado la pavorosa e inconmensurable contingencia del desarrollo *en su conjunto*.

¿Pero quién podría abarcar ese conjunto? Cualquiera daría algo por poder salir de la esfera de los hechos condicionados; por poder salir, en definitiva, del tiempo, y echar un vistazo al mundo desde una hipotética perspectiva intemporal. Sabemos de sobra que esto no es posible, y sin embargo la singularidad propia del caso de la historia de la ciencia es que se supone que su objeto, la naturaleza, es siempre la misma. O al menos era la misma en tiempos de Galileo que en los nuestros, por lo que hace a los fenómenos básicos. No podemos recrear la América de los padres fundadores ni la Francia prerrevolucionaria, pero a la naturaleza podemos seguir haciéndole las preguntas que nos plazcan y en el orden que nos plazca. Ni los hombres de ciencia, ni mucho menos los historiadores y filósofos, han sabido hasta hoy aprovechar esta circunstancia excepcional.

Y no es por falta de interés ni de "conciencia histórica". Al contrario, puede asegurarse que el desarrollo histórico de la ciencia está muy profundamente arraigado en la mentalidad moderna, y en la del especialista en particular; pues las propias formas de la materia objeto de estudio delatan a las claras todo este proceso de revoluciones, refinamientos y acumulaciones. Esta progresión, además de estar a la vista, se percibe igualmente desde dentro como ordenado impulso, guía y dirección; y es el efecto combinado de ambos aspectos el que ejerce un ascendiente tan poderoso sobre todos. Lo que, una vez más, no hace sino reafirmar el aspecto de necesidad de ese largo desarrollo, sin decirnos nada de esa contingencia en la que, no hay que decirlo, se mueve siempre nuestra libertad.

A este "poderoso influjo" del desarrollo histórico de la ciencia podemos llamarlo *irreversibilidad*. Y aquí es donde se produce la más curiosa superposición de planos. Pues se supone que la ciencia obtiene leyes de un valor intemporal; ese es el último y más grande de todos sus prestigios, que todavía nos quedaba por enumerar. Todos percibimos de manera inmediata que el valor de una ley o un descubrimiento está en proporción directa con cómo resiste las pruebas y embates del tiempo; pero a menudo el "espíritu de las leyes" demuestra ser mucho más duradero que las leyes mismas. El caso de la dinámica de Newton nos da el ejemplo más claro: por más que se hablara de su derogación por la mecánica relativista, lo cierto es que ésta última es en lo esencial un refinamiento de la primera, y, por lo demás, las correcciones en el octavo decimal no pesan prácticamente nada si las comparamos con el influjo de sus tres leyes, que no han dejado de florecer, en la forma de los diversos principios de conservación, incluso en el dominio de la mecánica cuántica –por no hablar de sus aportaciones a la óptica o al cálculo. La influencia de Newton se ha revelado irreversible, y por ende inconmensurable, justamente por lo que para nosotros tiene de intemporal. No podemos evaluarla desde el interior del desarrollo que a él se remite, pero tampoco somos capaces de imaginar otro curso de evolución diferente o paralelo. Esta superposición de lo irreversible y contingente con lo necesario e intemporal nos parecería de lo más sorprendente, si no nos hubiéramos acostumbrado a la idea de que sólo puede haber una solución para cada problema, y de que la ciencia es una progresión en el descubrimiento de verdades que ya están allí. Y no es que falte en esto la razón; pues es en las soluciones donde impera la necesidad. Pero el imperio del azar y de la contingencia, y también de nuestra libertad, despliega sus alas en el planteamiento mismo de los problemas y la selección de las preguntas.

Aunque nadie duda de que ambas esferas pueden llegar a condicionarse de la forma más estrecha. Particularmente ahora, en que parece no haber dudas sobre cómo hay que hacerle a la naturaleza las preguntas. No se nos pide la imposible tarea de intentar salir del tiempo para tener una idea más clara de lo contingente en la historia de la ciencia. Tampoco es necesario recurrir a argumentos contrafácticos o pasados posibles. Las preguntas particulares pueden ser tan innumerables como los problemas que se puedan identificar; pero las preguntas más generales siempre han estado presentes, aunque no todas hayan recibido la misma atención.

Aristóteles, al comienzo del segundo libro de los *Analíticos posteriores*, plantea la más memorable cuestión de las cuestiones. Enumera las que para él son las cuatro preguntas clave que debe atender el razonamiento científico con contenidos empíricos, a diferencia del razonamiento puramente formal o silogístico. Estas cuatro preguntas cardinales son: qué es, por qué es, de qué clase es, y si es o no es (que algo sea o no sea); cuestiones que apelan respectivamente a la existencia, el ser, el conocimiento y la experiencia. Podrá objetarse que Aristóteles bien poco tiene que ver con todo el desarrollo de la física matemática moderna; aún más, no se ha dejado de repetir hasta la saciedad que la ciencia moderna consiste justamente en una revuelta contra Aristóteles y su autoridad. Dejaremos a un lado ese tema para centrarnos en la pertinencia de las cuatro preguntas en la historia de la física.

A menudo se pondera cuál es el auténtico negocio de la ciencia, si el cómo o el porqué, si predicción o explicación. No hay duda de que hay una correlación entre ambos momentos, a los que habría que añadir otros; pero tampoco hay duda de que se ha enfatizado crecientemente la faceta predictiva sobre las demás. No es un énfasis casual, pues cada vez es más evidente que las llamadas leyes fundamentales son descripciones que comportan predicciones, y en absoluto explicaciones sobre el porqué de las cosas. Esto ya era patente desde Newton, y lo único que se ha incrementado regularmente a este respecto es el grado de abstracción. Con estas leyes fundamentales y sus principios de conservación asociados sí se pretenden explicar las causas de todo lo demás; pero justamente por su prioridad en el dominio predictivo. De este modo, parecería que las llamadas leyes fundamentales tienen un estatuto bien distinto de todo lo demás, puesto que ellas no se someterían a la pregunta sobre la causalidad que efectivamente imponen sobre su dominio propio.

En realidad las cosas son mucho más ambiguas; pues, cuando por ejemplo se busca aplicar la mecánica cuántica a la gravedad, también puede parecer que se está buscando esa causa que habría eludido a todos durante más de tres siglos. Pero esto es más que discutible, ya que, por un lado, no tiene sentido hablar de causalidad en la mecánica cuántica; y por el otro lado, las ecuaciones de la mecánica cuántica, y todavía mucho más las que aspiran a cuantizar la gravedad, carecen por completo de homogeneidad y son una amalgama de variables, constantes y parámetros cuyo origen queda todavía por explicar. A este último punto podría replicarse que también la investigación sobre las constantes y parámetros es parte de la investigación en curso, y que, además, la cosmología tiene mucho que decir al respecto. Pero es muy fácil mostrar cómo la investigación de constantes y parámetros está totalmente bloqueada por la propia teoría y sus consideraciones implícitas, y que la cosmología se intenta derivar de las propias leyes fundamentales, con la física de partículas y la relatividad general a la cabeza. Con este sólo ejemplo, y casi sin quererlo, estamos describiendo los cuadrantes de un círculo todavía sin contorno.

III

El nudo de la cuádruple cuestión ya estaba implícito a finales del siglo XVII, en el seno mismo de los tanteos de la época fundacional. Tanto Galileo como Newton optaron decididamente por el método de postulación y tesis para leyes, principios y entidades, y de ahí salieron sucesivamente el principio de inercia y el de equivalencia, los tres principios de Newton, la idea de la gravedad como constante y la idea de una masa absoluta e independiente del peso pero que curiosamente coincide siempre con ella; por no hablar de la noción de fuerza, que apenas se insinuaba con penosos circunloquios sobre la aceleración todavía en Galileo, y que con Newton se hace de golpe universalmente operativa. Junto a este método, que apuntaba en derechura hacia la noción de Ley Fundamental, ambos propugnaron ideas afines al atomismo, dentro de los nebulosos perfiles que permitía su época. Con todo, servía para cerrar el perfil de un programa: puesto que las leyes fundamentales no constituyen una explicación causal, las causas se habrán de encontrar finalmente en la combinación de "átomos y vacío", según la vieja fórmula de Demócrito, aunque de momento tampoco fueran más que postulables.

Del otro lado tenemos a Descartes y a Leibniz, quienes, a pesar de sus grandes contribuciones en el ámbito puramente científico, hoy son considerados unánimemente como los perdedores en la gran carrera por obtener "resultados". Pero estos dos pensadores buscaron cosas diametralmente distintas. Descartes sigue siendo el padre del mecanicismo propiamente dicho: su mecánica de vórtices en el éter, pura construcción especulativa, busca desde el comienzo la descripción local de las causas materiales subyacentes. Leibniz, quien por otra parte nunca llegó a articular satisfactoriamente sus ideas sobre la dinámica, se propuso que todo girara en torno a principios de acción elemental o integral. Los principios de acción han tenido una gran fortuna, y baste como muestra el cuanto de acción de Planck; pero esto es sólo una parte del asunto original. Leibniz se opuso a la postulación de magnitudes absolutas, en particular el espacio y tiempo absolutos de la mecánica de Newton; habló del espacio como "orden de coexistencias", y del tiempo como "orden de sucesiones". Lo cual no deja de sonar muy vago a nuestros oídos, aunque en realidad todo se reducía a buscar leyes que pudieran expresarse mediante puras relaciones. Eso era justamente lo que hacía la primera física conocida, la estática de Arquímedes; pero era una completa incógnita hasta dónde pudiera aplicarse esto en el dominio de la nueva dinámica. Se iban a necesitar siglos para llegar a un planteamiento pertinente del tema, que todavía hoy la mayoría de los físicos contempla por la espalda.

Esta última concepción de la física, que bien podemos llamar mecánica relacional, conoció diversos avatares. El más conocido de todos ellos es, probablemente, Ernst Mach, a quien se suele asociar con la problemática de la cosmología y la relatividad general. Sin embargo, tampoco los conceptos de Mach sirvieron para definir con claridad el núcleo de su objeto, por no hablar de la abrumadora vaguedad de lo que se conoce como "principio de Mach", la idea de que la inercia de cualquier sistema resulta de la interacción con el resto del Universo. La relatividad general pretendía incorporar este principio, aunque existe ahora un indefinido consenso en que no lo hace. Una buena parte de los físicos, cosmólogos incluidos, no acertarán a dar una explicación clara de por qué no lo hace o en qué condiciones podría hacerlo; un índice más de la extrema generalidad de la cuestión tal como el propio Mach la planteó.

Sólo en estos años recientes se han expuesto con la necesaria claridad los requisitos de esta gran línea directriz de la física. En su modélico tratado "Mecánica Relacional", André Assis hace un repaso exhaustivo de la historia del tema y sus momentos más relevantes. Assis ha formulado además lo que cabe distinguir como el motivo extremo de la mecánica relacional: el Principio de las Proporciones Físicas. La forma más concisa de este principio, que admite diversas enunciaciones, es ésta: "Todas las leyes de la física sólo pueden depender de la razón de cantidades conocidas del mismo tipo". Estamos ante el principio de homogeneidad de los antiguos griegos. Lo que inmediatamente implica que no deberían existir constantes dimensionales en las leyes físicas: las constantes universales como la gravedad, la velocidad de la luz en el vacío, el cuanto de Planck, o la constante de Boltzmann, deben depender de propiedades macroscópicas o microscópicas del universo. De lo que también se sigue inmediatamente que todas las llamadas leyes fundamentales conocidas en el presente deben ser incompletas. [1, 2]

Entre los muchos proponentes de ideas propias de la mecánica relacional a lo largo de la historia, dejando a un lado a Arquímedes, pueden nombrarse a Leibniz, Berkeley, Boscovich, Gauss, Weber, Mach, Ritz, Schrödinger, John G. Cramer, Carver Mead y el propio Assis. Los autores enumerados han tenido, como no podía ser menos, grados muy diferentes de fidelidad a una línea de trabajo que ni siquiera estaba claramente definida, por no hablar de los distintos grados de competencia técnica en su dominio o las diferentes teorías y circunstancias que a cada cual concernía. Además, a alguno de ellos, como Boscovich, se le relaciona principalmente con su gran trabajo precursor de la teoría de campos con partículas puntuales, lo que nos lleva a las líneas teóricas hoy más difundidas. Trataremos un poco más tarde del papel mediador que le tocó al concepto de campo en el cruce de estas líneas de fuerza.

La línea de inspiración mecanicista, en el otro extremo, no acabó ni mucho menos con Descartes. Huygens concibió una teoría ondulatoria de la luz como pulsos en el éter; Hooke buscó un mecanismo de empuje en cuña del éter para explicar la gravedad; de Duillier y luego

Le Sage, propusieron teorías gravitatorias por un efecto de sombra o apantallamiento en un medio que podía ser continuo o corpuscular, y que resurgen periódicamente proponiendo nuevas variantes actualizadas de su mecanismo; Euler también desarrollo una teoría gravitatoria de empuje, aunque muy en la línea de Arquímedes. El siglo XIX conoció una completa renovación de esta línea directriz con el descubrimiento de los fenómenos electromagnéticos y los experimentos con la luz de Young y Fresnel, que ponían de nuevo sobre el tapete la teoría ondulatoria. Algunos incluirían de nuevo aquí a Gauss, pues su idea sobre los potenciales electromagnéticos retardados pueden interpretarse en el contexto de un medio; Kelvin propuso un modelo de éter girostático, y el mismo Maxwell, que no renunció nunca a la idea de un medio que sustentara a sus ecuaciones de campo, razonó inicialmente por analogías extraídas de la mecánica de fluidos o hidrodinámica. Estos mismos autores intentaron sin éxito extender similares razonamientos a la gravedad. Bernhard Riemann dedicó muchos de sus más concentrados esfuerzos al naciente sueño de unificar electromagnetismo y gravedad; la idea de fondo era el ingreso o influjo del éter al interior de la materia. Ya a comienzos del siglo XX, Lorentz y Poincaré introducían nuevas variantes al sesgo de los nuevos fenómenos observados. Algunos podrían pensar que con la aceptación de las teorías de campos y la relatividad especial y general este tipo de intentos pasaron a mejor vida, pero no ha sido el caso. En las fronteras entre la física y la química, G. N. Lewis propuso su más que útil modelo de átomos cúbicos, y Parson su modelo del electrón anular, que encuentra periódicamente nuevos adherentes; más tarde, Schrödinger introdujo la hipótesis del *zitterbewegung* o movimiento de circulación local que podría dar una interpretación física del giro intrínseco del electrón o su momento magnético, sujeta a variadas y sucesivas reinterpretaciones. En la segunda mitad de siglo, además de las interpretaciones causales de De Broglie y Bohm, algunas de las propuestas más identificables dentro de esta línea han sido la interpretación "causal estocástica" de la mecánica cuántica de Vigier, o la electrodinámica estocástica promovida por Trevor Marshall y Timothy Boyer, y que aun cuenta con un apreciable número de continuadores. También podrían incluirse aquí algunos célebres objetores de la moderna cosmología, como Halton Arp o Hannes Alfvén, que suponen una reivindicación del "realismo" frente a lo que ellos consideran modelos inviables, exóticos y cuajados de hipótesis.

Puede verse que en esta doble lista, meramente representativa, no faltan los nombres ilustres, incluyendo algunos de los más destacados matemáticos, como Descartes, Leibniz, Euler, Gauss o

Riemann. Con todo, y aun cuando demasiado a menudo se ignoran por completo las virtudes y méritos de cada una de estas teorías, existe la visión casi unánime, indudablemente fortalecida por la historiografía de la disciplina, de que apenas se trata de algo más que de los cadáveres en la cuneta de la gran autopista hacia el conocimiento cierto e indudable, más cercano cada día. Y si algunos de estos trabajos merecen más espacio que las notas a pie de página, suele deberse más al renombre de sus autores que a lo sustantivo de sus propuestas, pues de sobra se sabe que la comunidad científica pertinente ya decidió sobre ellas, escogiendo otras con un espíritu bien diferente. A lo sumo, a estas teorías enterradas se les concede un cierto papel precursor, como tentativas rudimentarias que ayudaron, tras un lento trabajo de selección, a formular los problemas en sus términos correctos. Y se sabe cuáles eran los términos correctos por la excelente razón de que son los que se utilizan ahora. Claro que de este modo estamos obligados a dar por bueno lo presente y perdemos cualquier referencia externa que nos permita juzgar. Semejante "conciencia histórica" sólo puede estar al servicio del asentimiento.

Las cuatro preguntas de los *Analíticos Segundos*, de puro intemporales, nos brindan la guía más concisa para salir de toda esta narrativa. Dado que parecen burlar el carácter episódico de los escenarios que se suceden con el tiempo, las dispondremos en una cruz.

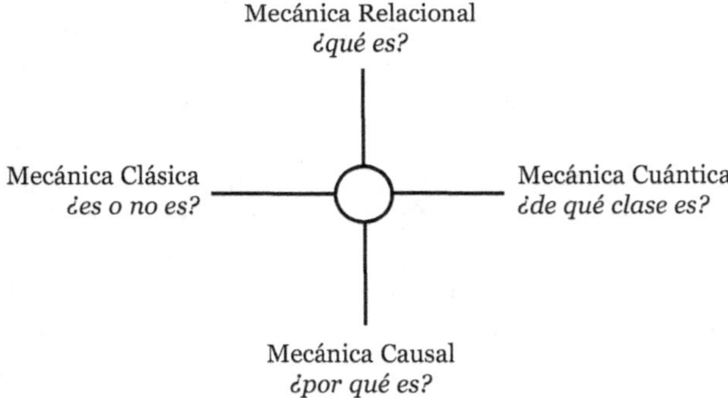

Hemos puesto a la mecánica clásica, englobada dentro de las teorías de la relatividad, en un extremo izquierdo del eje horizontal, y a la mecánica cuántica, ramificada ahora en el modelo estándar, en el extremo derecho de este mismo eje. En el eje vertical ponemos a la "mecánica relacional" arriba y a la "mecánica causal" abajo. Es evidente que las propuestas englobadas dentro de estas dos últimas concepciones de la mecánica, en la medida en que apuntan directamente hacia uno u otro extremo, han tratado de responder directamente a las dos cuestiones *definitorias* de razones y causas, el *qué*, y el *porqué*. Que la definición de la razón o *qué* es el objeto de la mecánica relacional en su expresión pura, es algo patente en el principio de las proporciones físicas, pues este no busca otra cosa que la definición completa de las leyes mediante razones o proporciones de cantidades conocidas. En cuanto a la mecánica causal, atribuirle el propósito de definir explícitamente las causas sería pura redundancia, si no fuera por el hecho de que lo que ordinariamente entendemos por causas nada tiene de explícito en física. Está claro que la mecánica causal no tiene un principio guía tan claramente enunciable como la mecánica relacional, sino uno de una naturaleza tan cuestionable como los episodios que la han encarnado: el principio de localidad, o de una localización tan explícita como los hechos permitan.

La causalidad no es propiamente un concepto científico, pero es inseparable de nuestra ordenación de conceptos que sí lo son. Algo similar ocurre con la idea, estrechamente relacionada, de localidad. El principio de localidad, antes que un axioma, es, como apuntó Weyl, un principio epistemológico. Este principio o noción empezó a cobrar vigencia con los problemas suscitados por el concepto de campo electromagnético, y probablemente fue Riemann el primero en enfatizar que el conocimiento de las leyes naturales pasa necesariamente por nuestra descripción de los procesos en el dominio de lo infinitamente pequeño, antes que lo grande. En general se entiende por localidad el que un objeto reciba su influencia sólo por contigüidad, excluyendo la acción directa a distancia. En este sentido lo entendía por ejemplo Einstein, heredero de Riemann en más de un aspecto, que dio una de las más conocidas versiones del principio en el contexto de sus objeciones a la mecánica cuántica. Pero las propias teorías clásicas de campos comportan acepciones diferentes de la localidad, y el criterio depende en gran parte de la teoría y el fenómeno descrito; por eso es difícil evitar la idea de "grados de localidad" y de fidelidad descriptiva.

La mecánica relacional busca, también por definición, los extremos de su relación, o términos completos de su acción elemental, sin ocuparse de los posibles agentes intermedios; y, así, pretende explicar dinámica o cinemáticamente la inercia de un cuerpo por la acción del resto de los cuerpos del universo con entera independencia de que haya o no un medio para transmitir esa acción. El medio entre dos cuerpos no puede expresarse sino como su distancia y su movimiento relativo. La mecánica causal, por el contrario, querría explicar la inercia por algún género de resistencia o interacción con el medio o entorno que lo envuelve. Su problema ha sido siempre la definición del medio o vacío aparente en que la luz y los cuerpos se mueven. Se supone que ambas mecánicas deberían ser complementarias, más que meramente opuestas, siempre que se lograra definir su conexión o zona de contacto; pero en el pasado sus promotores no parecieron entender que en absoluto se trata de formas o estilos divergentes de concebir la física, sino de responder a preguntas completamente diferentes.

En cuanto al eje horizontal en el que hemos situado tanto a la mecánica clásica como a la cuántica, han venido a cubrir, por motivos bastante contingentes, las otras dos cuestiones de carácter factual o más directamente concernidos con los hechos. A este respecto, podrá parecer bien gratuito atribuir separadamente a la mecánica clásica la cuestión de "si algo es o no es", y a la mecánica cuántica y al zoo de partículas del modelo estándar la cuestión del género, "de qué clase es". Sin duda, estamos superponiendo esferas que en absoluto tienen por qué coincidir; pero aquí si hay que tener muy en cuenta el orden cronológico y la precedencia de una mecánica sobre la otra, con las distorsiones que a la fuerza ha introducido un desarrollo tan azaroso.

Pues la pregunta sobre "si algo es o no es", en definitiva la comprobación experimental o por observación, tampoco tenía porqué coincidir en absoluto con la esfera de las predicciones; pero la prioridad concedida a la salvaguarda de las predicciones ha terminado por confundir estos y otros asuntos. Hay aquí varios aspectos que se entrecruzan en el tiempo, mirando hacia el futuro y el pasado, en cualquier momento del desarrollo. Por un lado, la adhesión a una teoría en función de su poder predictivo tiende a determinar la selección, la interpretación y los métodos experimentales y de observación. Por el otro, además de buscar la generalización y la ampliación del dominio predictivo al máximo rango posible –"leyes universales" con sus respectivas "constantes universales"-, también se aplica una extensión injustificada del alcance de los principios.

Es el caso de la mecánica de Newton, que, visto en retrospectiva, se ha mostrado como el gran agente modelador para todas las teorías que después se han sucedido. La extensión de sus principios a la variadísima fenomenología que más tarde se fue desplegando en otros campos ha terminado casi siempre por decidir el "de qué clase es" el fenómeno observado, pasando por encima de los asuntos más delicados de la interpretación. Incluso Einstein reprochó a los promotores de la mecánica cuántica que una buena parte de sus embrollos tenían su origen en seguir aplicando injustificadamente los principios de la mecánica clásica, una afirmación más que curiosa viniendo de quien venía. Con todo, no podía estarse refiriendo a los principios de conservación, que son los que siempre se han invocado a la hora de postular nuevas partículas, incluso cuando se manifestaron las primeras fuerzas explícitamente no newtonianas, como en el caso del neutrino y el neutrón. No es desde luego evidente que en el mundo cuántico se produzcan rebotes y retrocesos como en una mesa de billar. Y aquí ocurrió además otro cruce curioso, pues se mezcló una explicación aparentemente mecánica con la aplicación de principios predeterminados. De esta guisa fue surgiendo una descripción del átomo crecientemente abstracta e imposible de concretar, pero que hacía excelentes predicciones. Nadie que mire de cerca estas descripciones, con cosas tan físicamente inverosímiles como los enlaces compartidos, podrá decir que esto sea inteligible desde una perspectiva clásica, ni mucho menos en una perspectiva puramente mecanicista o causal; pero no ha importado que se mezclaran estas tan diferentes acepciones mientras pudieran hacerse cálculos útiles. En la física de partículas, por ejemplo, la velocidad de las partículas se deduce aplicando el factor de Lorentz a la energía recuperada. Los ejemplos de esta clase de inferencias, basadas en "factores de conversión", podrían extenderse indefinidamente. Se comprenderá entonces en qué sentido un solo aspecto de la pregunta sobre "si es o no es", la parte puramente predictiva, ha terminado por cualificar los contenidos de la otra pregunta, "de qué clase es"; sin olvidar que ya el mismo Newton esperaba que la parte complementaria de su método de postulación se encontraría en el estudio detallado de los corpúsculos evolucionando en el vacío en la mejor tradición de Demócrito.

Sin duda ha sido esta última línea la que ha terminado imponiéndose. Incluso la terminología entera lo revela, pues se habla muchísimo más de partículas que de ondas, aun cuando ambas sean indisociables; y se habla de las fuerzas fundamentales del modelo estándar, a pesar de que los mismos físicos han sido los primeros en admitir que el concepto de fuerza está fuera de lugar en la mecánica cuántica, cuya base es la acción elemental, una medida de energía por ciclo por segundo. A esto se ha añadido entre tanto la noción de campo, que no es sino un mar de omnipresentes fuerzas. Se dirá que los términos empleados son indiferentes, mientras se pueda calcular; sabemos, desde luego, que esto lo ha determinado todo, pero al menos para la filosofía natural, para la mera comprensión de los fenómenos, estas cosas no son en absoluto indiferentes. Por lo demás, cómo comprendamos las cosas no afecta sólo a la filosofía. Las nociones más generales han sido las más firmes líneas directrices de toda la investigación:

en el plano formal, ellas ya suelen estar inscritas en las mismas fórmulas de las que se deriva la predicción, por más que luego se puedan mostrar muchas otras expresiones equivalentes, que son precisamente equivalentes por las predicciones; por no hablar, desde el otro extremo, en la incidencia ya mencionada sobre la selección, interpretación y metodología de las observaciones y experimentos. Pero ya se sabe que las cuestiones experimentales son sumamente intrincadas, y aquí sólo se aludirá a su relación con las líneas de investigación.

No sólo la interpretación de los experimentos es a menudo comprometida y dilemática, obligándonos a tomar partido y a hacer elecciones arbitrarias; lo es igualmente la selección previa de entre las amorfas posibilidades de los fenómenos que se nos ofrecen, así como la concepción y disposición de los elementos probatorios. La vieja pregunta sobre si algo es o no es se amplifica naturalmente en el debate moderno de los criterios de verificación y falsación. El neopositivismo puso énfasis en el primero, y autores como Popper pasaron a subrayar el valor decisorio del segundo. El criterio de falsación parecía nominalmente inapelable, pero bien pronto se reconoció que su vigencia dentro del entramado de las teorías y sus pruebas era tan relativa como laxa; no pocas de las teorías más celebradas en retrospectiva habían nacido refutadas, luego no puede ser este el único criterio. En la práctica, se reconoció luego, el criterio de refutación experimental queda articulado e instrumentado por la conveniencia del programa de investigación, o lo que es lo mismo, su fecundidad presente y su perspectiva de ampliación en el futuro. De hecho, si el criterio de falsación brilla todavía como una rara joya en el proceso de selección de la verdad científica, es por las pocas veces en que prevalece llana y literalmente. Esto ya era así en la fase más temprana de la ciencia, cuando los experimentos eran de una simplicidad que ahora nos parece bucólica; cuánto más en estos tiempos de experimentos y observatorios multinacionales en que concurren miles de investigadores y los resultados arrojados deben someterse a los más delicados filtros estadísticos; y en los que la refutación de una teoría comprometería gravemente los múltiples trabajos y sucesivas teorías que se han construido sobre ella.

A este respecto, puede objetarse que se admiten sin reservas datos experimentales en contra de todo lo esperado, y en absoluto complacientes para las teorías en circulación. Y como magnos ejemplos recientes tenemos la velocísima rotación de las galaxias, nada acorde con la masa estimada, o las tasas de alejamiento aceleradas según se deriva de la observación de supernovas lejanas, que contradicen a los modelos anteriores de explosión o inflación. Se trata de dos casos de observación, no de experimentos sobre los que se pongan directamente las manos; pero, dejando esto aparte, aquí lo decisivo es que ambos datos pueden asumirse sin quebrantar leyes fundamentales sólo con postular nuevas entidades –y teniendo en cuenta que cualquier expansión o inflación es de momento sólo un modelo sobre observaciones, y en absoluto tiene el carácter matemáticamente cerrado de una "ley fundamental". En el caso de la rotación de las galaxias, y salvo raras excepciones, apenas se contempla la posibilidad de que la teoría de la gravedad vigente falle a mayores escalas , y se prefiere creer en la existencia de una "materia oscura", de adscripción más que indefinida, para explicar lo que se supone debe ser una masa 10 veces superior a la estimada. En cuanto al "universo acelerado", basta con postular, junto a la "materia oscura", otra "energía oscura" que admite distintas denominaciones, tales como "energía fantasma" o "quintaesencia", según cómo se ajuste el límite de sus extremadamente generales parámetros.

Como contraste podría mencionarse las hipótesis y recursos que a menudo ha interpuesto la minoría partidaria de un universo sin expansión. Para explicar el corrimiento al rojo de la luz distante, se han sugerido diversos mecanismos para una "luz cansada" por interacciones con objetos materiales, ya sea electrones libres, densidades de hidrógeno molecular muy superiores a las estimadas, o incluso una hipotética masa para eso que llamamos fotón. Sin duda puede tratarse de hipótesis oportunistas, aunque algunas de ellas no requieren gran uso de la imaginación. Con todo se acostumbra a decir que estas hipótesis han quedado sobradamente refutadas, y no ya por una, sino por múltiples razones, a pesar de que nuestros conocimientos del medio intergaláctico, lo mismo que el galáctico, parecen ser tan evidentemente deficientes como para tener que buscar masas diez veces mayores de las estimadas. Por nuestra parte, no pretenderemos tener elementos de juicio suficientes para aventurar si el universo se expande o no se expande; tan sólo nos parece que no pesan en la misma balanza unos y otros argumentos. Pues si vamos al fondo del asunto, y dejando a un lado las presiones actuales para la formación de consenso en la comunidad competente, lo que tenemos es unas ecuaciones de campo relativistas inestables, que se escurren inevitablemente hacia la contracción o la expansión indefinida, y una geometría hiperbólica determinada en todo momento por las condiciones iniciales; y es en este hecho derivado de la llamada física fundamental y sus inevitables predicciones, que se intentan encajar los hechos observables. Y así, volvemos a ver cómo la pregunta sobre "si es o no es" y la pregunta sobre "de qué clase es" se retroalimentan en nuestro eje horizontal de los hechos, merced a una noción de ley fundamental que implica siempre la máxima generalización de su dominio de predicciones. La mayoría de los físicos, ante anomalías como las mencionadas, juzgan que replantearse la validez de la teoría de la gravedad sería algo "completamente irrazonable"; sin duda, pues ella es la que nos ha llevado hasta aquí. Por este "completamente irrazonable" sólo se ha de entender que lo primero en el orden de consolidación sería lo último en someterse a revisión, de lo que se sigue también dónde reside la guía principal del programa de investigación incluyendo las observaciones y los experimentos.

La interpretación de observaciones y experimentos es casi siempre controvertida y delicada, y algunos casos pueden tener tantos cabos sueltos que sólo el consenso consigue crear la ilusión de que parezcan cerrados. Más tarde, cuando ya se sabe a qué atenerse, se puede llegar a creer que ni siquiera hace falta ninguna interpretación, y que estamos ante los hechos mismos, tan maravillosamente coincidentes con la teoría. Tal es la dirección imperturbable de la rutina científica, que no puede permitirse el lujo de replantearse qué cosas se hayan podido quedar al fondo del cajón. Y el que se atreva a cruzar de nuevo los primeros cables, incluso en un experimento nimio, temerá volver al harto pedestre terreno de los rudimentos, a años luz de los sofisticados refinamientos debidos a generaciones, y sin apenas otra guía que la subhistoria de los desechados e incomprendidos para salir de sus chapoteos en la oscuridad.

Los que se burlan de la idea de que los experimentos admiten más de una interpretación diferirían entre sí de la forma más incongruente si se les privara de la lectura convenida de los hechos y quedaran librados a sus solas fuerzas; esto es, en realidad, lo que hace que se cierren filas y se formen inevitables ortodoxias. Por un lado, subestimamos invariablemente la ambigüedad de los fenómenos; por el otro, si todavía hay tantos experimentos desconcertantes posibles, ello no es debido ni a la extrañeza de la naturaleza ni a las deficiencias de nuestras teorías, sino al hecho mismo de que tengamos ya una teoría cualquiera con sus expectativas de cómo las cosas deben funcionar. Así, puede estarse seguro de que las sorpresas de la experiencia durarán tanto como duren nuestras teorías; otra cosa es que estemos siempre dispuestos a reconocerlas. Pero, del mismo modo que pueden concebirse nuevos y sorprendentes experimentos recombinando algunos de los viejos elementos que permanecían separados, pueden recombinarse viejas teorías que nadie había osado asociar; y, a su vez, la recombinación de estas teorías puede abrirnos los ojos a circunstancias de observación y experimentación completamente nuevas.

IV

Volvamos de nuevo a la cruz y sus cuatro preguntas cardinales. El curso de la ciencia moderna, con un crescendo sostenido desde Newton, ha despreciado o en el mejor de los casos pospuesto las preguntas definitorias del eje vertical, para concentrarse en el nivel fáctico del eje horizontal; y a su vez, ha ido reduciendo la amplia franja en torno a este eje, que podría haber estado más coordinado con el vertical, a una línea tan delgada y plana como sea posible: la justificación casi exclusiva de la predicción facilitada por las leyes fundamentales, conservativas y temporalmente reversibles. Sin duda esta circunstancia expresa lo que muchos percibimos como inconfundible aplanamiento positivista de la ciencia moderna. Si entendemos el positivismo como un empirismo perfectamente entallado por las fórmulas matemáticas, bien puede decirse que Newton fue su principal impulsor; ese positivismo alcanzó a mediados del siglo XIX su encarnación programática y metodológica en científicos como Helmholtz, y en el siglo XX entró en una fase "semántica", decisionista y operacionalista, de la que el neopositivismo propiamente filosófico sólo fue una concentrada expresión. Estas tres fases, que se superponen en trazo grueso con los siglos XVIII, XIX y XX, coinciden también con los tres periodos recurrentes de "selección general" que Richard McKeon advirtió en la filosofía o las artes: selección de cosas, de pensamientos, y de palabras y hechos.

Lo que llamamos "aplanamiento" positivista de la ciencia moderna, y con más razón de una ciencia contemporánea que podría estar cerrando un ciclo, es la reducción de todos los niveles de causalidad física a unas leyes fundamentales que no tienen una forma unívoca de definir la causalidad. Este género de reducción es enteramente distinto de lo que se ha venido en llamar "reduccionismo", si bien ha contribuido mucho a la confusión de conceptos y términos. El programa propiamente reduccionista, o mecanicista, era el de Descartes, y con él, el de lo que hemos denominado "mecánica causal": la descripción local y explícita de los mecanismos a todos los niveles, sin que sea necesario segregar un nivel fundamental que se sustraiga a esta descripción. Pero como sabemos, las llamadas leyes fundamentales que se han desarrollado siguiendo el modelo de Newton lo que hacen es evadir esta regla, cuando menos temporalmente; no se comprometen con las causas subyacentes, o como advirtió Newton, no "fingen hipótesis". Todas estas leyes, que admiten expresiones variacionales en términos de máximos y mínimos, admiten también y por su propia naturaleza una infinidad de causas subyacentes con las que podrían ser explicadas, tal como ya advertía Poincaré. No es entonces de extrañar que en este contexto los físicos perdieran cualquier interés en definir lo que podría haber "debajo" de tan liso tapete: pasaba así a la lista de cuestiones que sólo cabe considerar "irrelevantes". De aquí también se sigue que las leyes fundamentales admitan muy diversos formalismos matemáticos equivalentes, aunque se procuren utilizar los más difundidos en la comunidad, y, a veces, los más convenientes para resaltar un aspecto o efectuar una conexión con otro dominio.

Ahora bien, por más que pretendamos olvidarla, la pregunta sobre la causa y la sustancia de leyes y fenómenos resurge de una u otra manera. Muy al fondo, pero también en pleno centro de los problemas más actuales de lo que se considera como física fundamental. Hablamos, por ejemplo, de la búsqueda de un "mecanismo" que "explique" la masa inercial de las partículas conocidas; pero este mecanismo, otra nueva entidad postulada, y que ha logrado predicamento con el nombre de "bosón de Higgs", no es sino lo que momentáneamente se concibe como la capa más cercana y accesible de un inmenso océano de dudas: Su Majestad El Vacío, ahora sí reconocido como "el vacío fundamental". Y este vacío aparece en la no menos misteriosa confluencia de la mecánica cuántica, la relatividad general y la cosmología. Y si hablamos en términos históricos, tampoco parece menos fundamental, pues todo echó a rodar con la generalización de la hipótesis de la inercia: la idea de que el impulso de un planeta que gira en el vacío, y con todo está sometido a una fuerza permanente, se ha de mantener hasta la eternidad. Hombres tan metodológicamente escrupulosos como Riemann y Poincaré ya habían concedido al principio de inercia el rango de hipótesis, una adjudicación a la que creemos se han sumado, aunque sin particular entusiasmo, las mentes más precavidas. Pero en la mecánica de Newton inercia y gravedad están hechas la una para la otra; masa inercial y masa gravitatoria coinciden puntualmente, sin que haya para ello la menor razón. La fuerza de la gravedad, como la inercia, es una fuerza del "vacío clásico", que es el vacío absoluto en el que también se suponía que habrían de moverse los corpúsculos; y el vacío absoluto sólo admite fuerzas a distancia, puesto que fuerzas propagándose en un medio ya producirían su distorsión.

Este tipo de objeciones despuntó ya desde la misma publicación de los *Principia*, en particular por los seguidores de Descartes y Leibniz, pero sólo en el siglo XX, ante la denegación del vacío absoluto por la mecánica cuántica, y ante la imposibilidad de estabilizar las ecuaciones de campo de la relatividad general, comenzó a reformularse esta temática. El privilegiado, por inexistente, estatuto energético de la gravedad todavía se ha querido mantener definiendo su potencial como "energía negativa" y convirtiendo la fuerza en una deformación del espacio-tiempo, para quedar finalmente comprometida la dinámica entera del conjunto. Como es sabido, también la famosa constante cosmológica que ha de compensar las ecuaciones de campo ha de atribuirse, qué remedio, al vacío, por más que sus ajustes desde el punto de vista de la mecánica cuántica planteen incontables problemas. Fue en el contexto de la naciente mecánica cuántica que Planck, para sortear la idea de los cuantos discontinuos de luz, propuso la existencia de una energía mínima fundamental para el campo electromagnético; con el tiempo el mismo principio de incertidumbre terminaría por darle rango de necesidad. La amplitud de las discusiones sobre el papel del vacío en la física moderna, por más que se busque refugio en las cifras, es tan difusa e ilimitada como la del concepto mismo, pero, en vista de lo que ha sucedido desde Newton a las modernas teorías de campos, es bastante fácil de abreviar: el vacío ha sido ese cajón de sastre, de tan profundo fondo, en el que uno por uno han ido cayendo todos los cabos sueltos o inconsistentes de la dinámica.

La problemática del vacío moderno es el negativo de las hipótesis del éter que a lo largo de los siglos se han sucedido, o viceversa. La diferencia básica entre el "positivo" y el "negativo" es que las teorías del éter fueron oportunistas a la hora de intentar explicar nuevos fenómenos con un mecanismo subyacente, mientras que las nuevas teorías surgidas en continuidad con la dinámica fueron oportunistas a la hora de postular nuevas entidades que no fueran contrastables pero que podían insertarse en las ecuaciones para estar de acuerdo con las observaciones. Una tesis o postulación es una cuestión indefinida, mientras que una hipótesis debe definir su proposición; si bien con el tiempo tendemos a creer justo lo contrario. Los postulados en física pretenden dejar sentado que, para unos hechos dados, ése es el caso. Se entiende entonces que desde Galileo se haya preferido el método de postulación, igual que lo ha favorecido la visión retrospectiva –hasta aquí, al menos. En el ejemplo de lo que hizo Newton con las órbitas de Kepler, introduciendo en las ecuaciones una masa absoluta e independiente de dónde se pese, pero que en absoluto afecta a la órbita, se encuentra el ejemplo prístino de todos las nuevas entidades que se han llegado a postular después.

Este entallado de nuevos conceptos y nombres dentro de fórmulas que "predicen" o reproducen las observaciones, en sí mismo uno de los momentos legítimos del pensamiento, puede extenderse tan indefinidamente como se quiera, para conferirles un rango universal del que no habrá porqué dudar hasta que no se demuestre lo contrario. Con este proceder es casi inevitable hacer "recortes" sucesivos de la realidad, para quedarnos sólo con la parte que nos interesa; pero tampoco esto tiene en sí mismo nada de censurable, pues no otra cosa es lo que se conoce con el nombre de abstracción. Tomar el camino más expeditivo hacia la predicción tiene la gran ventaja de ahorrarnos interminables discusiones. La contrapartida es que cada vez que se encuentra un dominio seguro para hacer predicciones, que suele ser justamente un "dominio fundamental", hay que postular también nuevas entidades independientes, cuya sustantividad queda por averiguar para el futuro –como por ejemplo la noción de masa absoluta, que ahora podría estar cerrando su arco.

El método de postulación y tesis tiene algo de indudablemente arbitrario; pero se sobreentiende que este momento de arbitrariedad es indispensable si queremos tener libertad para hacer preguntas. En tal sentido, también se da por sentado que hay una arbitrariedad legítima por inevitable; otra cosa son los azares a que nos someta. Físicos y matemáticos saben, como pocos, que cuantas menos disposiciones arbitrarias se introduzcan, más simples, naturales y elegantes suelen resultar las cosas. Por otra parte, la postulación de nuevas entidades independientes no hace sino certificar lo aislado de un dominio; si bien aquí es importante y a menudo decisivo el orden de precedencia. La creación de nuevos dominios estancos o mal conectados conlleva un peligro de proliferación y desconexión; pero durante varios siglos, y ya fuera por la sobriedad de los científicos o por la relativa escasez de datos experimentales (que no de fenómenos), esa proliferación se mantuvo bastante controlada. Ha sido el último siglo, caracterizado por llevar hasta el extremo el énfasis en las predicciones, el que ha contemplado el despliegue de los rasgos amenazadores de esta proliferación, para la que no se vislumbra un fácil remedio. Y de modo harto revelador, la búsqueda misma de una Teoría Unificada es ahora el principal agente de esta proliferación en el más fundamental de los niveles.

La pregunta sobre las causas o porqués, siempre de la mano del vacío, se extiende hacia el pasado por el túnel del tiempo de la cosmología, que, en virtud de la extrapolación de la escala de Planck que asume el modelo estándar cosmológico, coincidiría con el túnel de las colisiones a altas energías de los aceleradores. Así, bien puede decirse que la entera cosmología es un despliegue para responder a la pregunta "porqué": un despliegue tan gigantesco como gigantesca es la extrapolación. Esta extrapolación es poco menos que obligada, no ya sólo por la enorme desproporción entre nuestras magnitudes ordinarias frente a las del universo observable y conjeturable; también por la incuestionable fidelidad a un modo de hacer física que no ha cambiado sustancialmente desde Newton, salvo para complementar sus insuficiencias.

El tiempo, y los procesos de evolución o desarrollo que se le atribuyen, es para ciencia moderna ese eje vertical que nosotros hemos dispuesto en elementales coordenadas. Si nuestras nociones de átomos y partículas en campos son el complemento de la mecánica clásica al otro extremo del eje horizontal, el tiempo, convidado de piedra en el despliegue de la física clásica desde el momento en que se convirtió en absoluto, e independiente por tanto de los procesos en curso, tiene que dedicarse a tapar las insondables lagunas que siempre han de quedar entre las leyes fundamentales y la riqueza de fenómenos observables. Pues, por más que hablemos de "leyes fundamentales de la naturaleza", se sobreentiende que de lo que se trata es de leyes abstraídas de comportamientos separados de la naturaleza que han mostrado una regularidad susceptible de cálculo y predicción. Entre estas leyes abstraídas y cualquier cosa que podamos entender por "naturaleza", con su masa en bruto de fenómenos, ha de haber siempre una distancia abismal; hasta el punto que algunos grandes teóricos, para evitar malentendidos, han preferido advertir que, en efecto, "la física no trata de la naturaleza" –lo que sólo cabe entender en el sentido mencionado. Ya mucho antes de la moderna cosmología, la llamada historia natural acudió en auxilio de unas leyes que, por más ciertas que se mostraran, parecían estar a distancias insalvables de los fenómenos: así se fueron gestando las teorías evolutivas en la geología primero y luego, con mucho mayor impacto, en la biología. Descartes ya había apuntado el programa de describir los organismos enteros como máquinas, pero, puesto que los mecanismos dejaron de ser explícitos en la dinámica newtoniana, hubo que tratar con otros géneros de causalidad más próximos a la problemática del desarrollo y la evolución. El orden de causalidad de la moderna teoría evolutiva es una mezcla sumamente ambigua de casualidad o azar y unas leyes o restricciones que son tan indefinidamente amplias como el propio entorno; y seguramente sólo una ambigüedad tal podía cubrir el hueco inconmensurable e igualmente ambiguo que ha quedado siempre entre lo que postulamos como leyes fundamentales y los fenómenos. En este orden de cosas, claro está, se vuelve apelar a la complejidad intrínseca de las ocurrencias, en abierto contraste con la intangible simplicidad de las leyes fundamentales –si bien esa complejidad se supone constituida por los ladrillos básicos a las que tales leyes conducen.

Este “eje vertical evolutivo”, que en la cosmovisión moderna ha venido a sustituir a las respuestas más directas a las preguntas sobre el qué y el porqué, se halla secundado por la termodinámica, una rama “no fundamental” de la física que debe cubrir otro hueco de singular importancia: el que va desde las leyes fundamentales temporalmente reversibles a la manifiesta irreversibilidad de los procesos que observamos de ordinario. La denominada “flecha del tiempo” es otro índice de causalidad, y tal vez el más claro de ellos, que sería poco menos que vomitado por una física fundamental completamente ajena a ella –puesto que se dice que los procesos microscópicos también son reversibles. Pero aquí también se presentan enormes ambigüedades que el reparto de competencias convenido exime de aclarar. La clasificación de los sistemas abiertos, cerrados, aislados y en equilibrio, con su perfil matemático, asume ya el estatuto privilegiado de una mecánica recortada sobre el medio. Las leyes del electromagnetismo de Maxwell parecen temporalmente simétricas, pero nunca vemos que las ondas radiadas desde una bombilla converjan de nuevo hacia su fuente; y así no queda más remedio que atribuir la asimetría a la oportuna “flecha de la termodinámica”.

Desde el punto de vista de la termodinámica, no parece admisible que puedan darse fuerzas estacionarias en sistemas finitos aislados, tal como se plantea en la mecánica cuántica; si ésta queda fuera del alcance de la termodinámica, es sólo por lo gratuito de este postulado. La entropía sólo puede aumentar si partimos de máquinas separadas de su medio ya desde su concepción; pero en sistemas abiertos en estado de equilibrio con el exterior –que bien poco tienen que ver con el equilibrio del total desorden aplicable a los sistemas cerrados- pueden plantearse muchos posibles órdenes de simetría o asimetría temporal: de intercambio con el ambiente. Ha sido parte del programa de la “mecánica causal” el definir a cualquier objeto real por su intercambio de energía con el ambiente, en vez de por su aislamiento, como han hecho la mecánica clásica y la cuántica. Los comportamientos aparentemente reversibles que observa la mecánica serían islas de estabilidad surgidas de un mar todavía innominado, y los objetos microscópicos que la soportan serían sistemas metaestables. También aquí se insinúa el tema del vacío.

Si los problemas de causalidad del extremo inferior del eje vertical resurgen de forma inesperada e insidiosa, también en el otro extremo se agudiza el problema de *definir las relaciones* y el ajuste entre el nutrido número de constantes adimensionales que aparecen en las ecuaciones, y de estos valores o ratios matemáticas con los valores de las constantes fundamentales con dimensión, particularmente la velocidad de la luz, la gravitación y la constante de Planck. En general, puesto que ya se postulan como absolutas, o terminan tomándose por tales, no se considera razonable buscar posibles causas subyacentes para estas grandes constantes con dimensionalidad; consecuentemente, tampoco se considera que puedan estar sujetas a variaciones dependiendo de tiempo o lugar. Estas constantes, que darían forma al universo, estarían a la vez completamente aisladas del universo y de espaldas a sus variadas circunstancias. Dudamos que exista algún argumento sustancial para defender una universalidad tan categórica; algunos, como Wiener, afirmaron en su día que no sería posible recibir información de regiones del universo con leyes diferentes; cosas así suenan a petición de principio, como el mismo "principio antrópico" que brilla tan oportunamente por estas enrarecidas regiones. En realidad, la única buena razón para introducir constantes universales es el muy humano deseo de extender al máximo el rango de sus predicciones concediéndoles un estatuto por encima de cualquier contingencia.

Por el contrario, sí se consideran dignas de estudio las constantes adimensionales, como la constante de acoplamiento electromagnético o las de las otras fuerzas del modelo estándar, y de hecho han hecho correr ríos de literatura plagada de especulaciones numerológicas. Puesto que muchas de las constantes similares que había en química han podido derivarse luego de los cálculos de la mecánica cuántica, sería irrazonable negar la posibilidad de que un día u otro se desvelen sus secretos. El estatuto de estas constantes, puras ratios matemáticas, es bien diferente que las de las tres antes mencionadas; para empezar, ni siquiera son constantes en sentido estricto, puesto que dependen y varían grandemente según sea la escala de energía del campo. Junto a esto, se considera de tarde en tarde su posible evolución a nivel cosmológico, y hasta se intentan deducir variaciones posibles de los datos de galaxias lejanas.

Todos estos valores numéricos, junto a otros como los de las masas observadas de las partículas, lejos de ser arbitrariedades matemáticas son por el contrario la mera expresión matemática de lo irreductible de muchos fenómenos. Aquí se plantean los grandes Qués de la física actual: el problema del ajuste fino de las constantes, e íntimamente relacionado con él, el problema de la jerarquía. Como se sabe, los parámetros de los modelos admitidos requieren un ajuste inverosímilmente delicado e improbable para que puedan dar lugar a las condiciones del universo observable –mínimas desviaciones de valores que podrían tener cualquier otro rango harían imposibles la sucesiva formación de galaxias, estrellas, y sistemas planetarios con posibilidad de vida como el nuestro. Junto a esto, también la posibilidad de hacer predicciones en las teorías cuánticas de campos depende crucialmente de unos valores relativamente bajos para que los cálculos no diverjan sin remedio. Se plantea, además, la cuestión de las ratios entre las distintas fuerzas, o dicho de otro modo, por qué razón la interacción débil, la electromagnética o la fuerte son treinta y tantos o cuarenta y tantos órdenes de magnitud más intensas que la interacción debida a la gravedad; diferencias que, en ausencia de una explicación, resultan en sí mismas sorprendentes. En cuestiones así se evidencia hasta qué punto las interrogantes sobre el Qué nos remiten de nuevo e inmediatamente a interrogantes sobre el Porqué. Estas *preguntas de fondo*, de un contexto que falta, y que suelen endosarse a un nada físico principio antrópico –un principio puramente existencial-, también se relacionan, de manera tan obvia como absolutamente vaga, con las cuestiones sobre el vacío y el medio cósmico que la línea de desarrollo que ha seguido la física ha hecho todo lo posible por ignorar: para enviarlas, literalmente, al fondo de su propio cajón. Y es en este sentido que puede decirse que las cosas están donde cabía esperar.

Podemos superponer este estado de la cuestión en la física actual con la soslayada mecánica relacional, que busca las expresiones completas en las ecuaciones. Ya hemos visto que la observación del principio de las proporciones físicas demanda el uso de cantidades conocidas del mismo tipo, y que esto implica que también las constantes dimensionales o "absolutas" dependan de propiedades de un entorno por precisar. De este modo, también las grandes constantes sin dimensión, y no sólo las constantes adimensionales, tendrían que estar sujetas a escrutinio, desde el momento en que las ecuaciones que se manejan son fundamentalmente incompletas. Desde el punto de vista puramente formal, esto es totalmente inobjetable; otra cuestión completamente diferente es si tal posición admite un refrendo empírico.

V

El principio de las proporciones físicas, su espíritu arquimediano, busca la máxima transparencia de esas cajas negras que a menudo son las ecuaciones. Dicho de otro modo, sólo una mecánica relacional en sentido estricto podría aspirar a aislar planos puros y puras relaciones de *fenómenos*; y no ha sido casual que este punto de vista haya sido defendido por empiristas extremos como Berkeley y Mach. Aislar "planos puros" de los fenómenos es una de las cosas menos obvias que existen, puesto que solamente hablamos de fenómenos cuando nos movemos en los grados mínimos de la determinación intelectual y en los grados máximos de ambigüedad. Las leyes de la estática de Arquímedes se cumplen con todo el rigor de las leyes, y sin embargo, una vez que se ha establecido su proporcionalidad, comparten el carácter autoevidente e intacto de cualquier fenómeno antes de arbitrajes e interpretaciones. Admiten infinidad de adaptaciones, pero no requieren de ninguna explicación ulterior. Así, la mecánica relacional pura se nos muestra, sin apelación posible, como el polo de excelencia en la expresión matemática de un problema, y no es de extrañar que teorías como la relatividad general hayan buscado, con mayor o menor éxito, aproximarse a este ideal.

Por idéntica razón, el principio de la mecánica relacional nos sirve para contemplar los grados sucesivos de alejamiento de la transparencia que exhiben las ecuaciones de las llamadas leyes fundamentales. Ya Newton, para encajar y generalizar en fórmulas lo observado, parte por la mitad este principio introduciendo un grupo de cantidades absolutas: una constante universal, masas, tiempo y espacio independientes de cualquier contexto físico. Y sin embargo, persiste una gran ambigüedad, pues la propia fórmula de la gravedad newtoniana, que depende sólo de las distancias en línea recta entre los cuerpos, parece enteramente relacional. Desde el punto de vista del Qué, todo lo que ha venido detrás no ha hecho sino multiplicar y diversificar la ambigüedad y opacidad de las expresiones matemáticas: se han ido sumando nuevas constantes, y, desde las ecuaciones diferenciales parciales de Maxwell se han generalizado las fórmulas con un espacio y tiempo independientes entre sí, lo que sólo puede procurar nuevas rupturas en las descripciones, además de tesis y postulados dudosos. Ya Walter Ritz, defendiendo principios de mecánica relacional, se quejaba de lo inapropiado de las ecuaciones de Maxwell, que obligan a ignorar en el plano más fundamental los aspectos elementalmente irreversibles de la radiación. Pero la generalización de este estado de cosas aún estaba por llegar, y a lo largo de todo el siglo XX no han hecho sino proliferar términos independientes –en la relatividad especial y general, más tarde en las fórmulas más relevantes de la primera mecánica cuántica, para no hablar de las teorías cuánticas de campos posteriores. Puesto que las teorías así surgidas han tenido un éxito tan resonante en los cálculos, nadie en su sano juicio estaría dispuesto a prescindir de los "atajos" implicados en tales recursos. Por el contrario, puesto que estos recursos del cálculo contribuyen decididamente a la creación de ecuaciones "compactas" e independientes de otras "contingencias", no hacen sino reafirmar la impresión del carácter absoluto y altamente simétrico o atemporal de sus leyes.

Cada expresión matemática se traduce en una descripción, aunque también la fase descriptiva puede preceder a las fórmulas. Ya en los fantasmales campos electromagnéticos de Maxwell se rompía en dos la interacción entre el componente eléctrico y el componente magnético: ambos coexisten siempre en paralelo. Como ya había sucedido otras veces, de lo que era un puro misterio terminó por hacerse virtud. Uno podría pensar que, al tratarse de una descripción clásica, todo terminaría por explicarse en el dominio microscópico en el que la mecánica cuántica tomó el relevo. Pero no fue así, y justamente por continuar con la misma tendencia, pues ya la primera cuantización extendió el uso de los términos independientes. Cuando se llegó a la electrodinámica cuántica de campos, la última palabra que se ha admitido sobre el tema, las nuevas precisiones en el cálculo no hicieron sino añadir más vaguedad en la descripción: desde el comienzo se habla del cuadro de interacción, cuando el teorema de Haag nos informa, posteriormente, que tal descripción de la interacción entre estados fundamentales es por principio imposible. A esto se añaden los proverbiales malabarismos matemáticos con infinitos sustraídos de infinitos y pseudo-partículas viajando del futuro al pasado para llegar a donde era menester. No hace falta advertir que toda esta apoteosis de recursos al servicio del cálculo se ha incrementado enormemente desde entonces. Se dice que las teorías cuánticas de campos son teorías locales, pero lo único que ha de entenderse con esto es que hacen predicciones locales, no descripciones locales. Por el contrario, se observa de forma sostenida, sistemática e inevitable, que la posibilidad de descripción fiel de los fenómenos se va destruyendo en la misma medida en que va aumentando la precisión en las predicciones.

Se explica entonces que se haya saludado como un gran avance la "superación del realismo" en la física. El profano corre ciertamente el riesgo de creer que aquí se ha producido algún alejamiento radical con respecto al "viejo mecanicismo newtoniano", cuando en realidad la superación del realismo ya estaba concentrada en el germen de todo lo anterior, y no ha hecho sino brotar, extender sus ramas y florecer. Mientras tanto, las inverosímiles prestidigitaciones de las teorías renormalizables, que abiertamente repugnaban a los mismos que las pusieron en circulación, han terminado por tener encanto incluso entre matemáticos puros, que no dejan de ver las infinitas posibilidades del tema. El grupo de renormalización se ha convertido en un clásico.

Se comprende entonces lo que desde Newton hasta aquí ha ocurrido sin interrupción: lo que era un criterio puramente utilitario se ha terminado por ver como criterio de excelencia. Mientras exista esta percepción de las "grandes viejas ecuaciones" como el canon a imitar, seguiremos ciegos ante sus drásticas limitaciones. Estas mismas limitaciones tienden a ocultarse de distintas maneras. Desde luego, la comparación con principios proporcionales como los de la estática de Arquímedes ni siquiera se plantea, pues, ¿cómo podríamos comparar los elementales problemas del de Siracusa con los problemas de la dinámica moderna, en los que ya de partida entramos en el cálculo del tiempo? Pero parece olvidarse que Weber, bastantes años antes de Maxwell, ya consiguió una generalización del electromagnetismo, materia dinámica donde las haya, preservando por completo el principio de las proporciones físicas. Por otra parte, desde el momento en que se asume que las ecuaciones aceptadas, generalmente las más reversibles y compactas –las más cerradas- son la mejor "descripción" posible de los fenómenos, o en cualquier caso la más deseable, se tiende ya a ignorar de modo sistemático distintos tipos de desviaciones experimentales o "anomalías", que siempre es posible atribuir a causas secundarias como la fricción y la disipación, o a errores en los aparatos y su disposición; cuando no se opta por extrapolar gratuitamente el caso a circunstancias más generales y diferentes para concluir que, de existir tales desviaciones, ni los datos observados ni los cálculos confirmados tendrían el menor sentido. Esto último es un ejemplo de reducción al absurdo ilegítima, desde el momento en que no se consideran los factores particulares; pero aunque se quisiera contemplarlos ya no queda sitio para ellos en la descripción más "compacta" de las ecuaciones asumidas. Y si al comienzo también se sobreentiende que estas ecuaciones han de ser por fuerza generalizaciones, con el tiempo el poder de convicción acumulado por muchos cálculos exitosos tiende a darle el estatuto de "casos cerrados" que no tiene sentido reabrir.

El principio de las proporciones físicas sólo nos informa de que las ecuaciones fundamentales que se manejan están incompletas; y de que si estuvieran completas, tampoco serían más "fundamentales" que la ley de la palanca de Arquímedes o su principio de sustentación –serían meras razones, aun cuando comprendieran procesos dependientes del tiempo. Cuando a veces se especula qué podría comportar una teoría unificada, éste es el telón de fondo último; pero como las leyes que se pretende unificar ya se alejan mucho de esta condición, no parece en absoluto razonable que se satisfaga finalmente a través de leyes todavía más generales. Por el contrario, lo que se observa es que cuando se quiere rellenar el vacío de explicaciones que deja una teoría anterior, se añaden nuevos saltos en el vacío con sus respectivas nuevas postulaciones, pues en realidad el único vacío que se pretende cubrir es el de la precisión en las predicciones. De este modo, las preguntas sobre el qué y el porqué se posponen indefinidamente, sin que por otro lado pueda prescindirse de ellas, pues la investigación en curso ya va incorporando sus propios qués y sus porqués; y cómo éstos están totalmente subordinados a otra prioridad, tienden a aparecer de forma cada vez más exótica y desnaturalizada: más alejados de cualquier contexto de continuidad. El camino recto hacia las predicciones implica necesariamente rupturas de la continuidad, que se manifiestan en la propia forma azarosa del desarrollo científico con sus abruptas inflexiones y revoluciones.

El contexto absoluto de la física está tan generalizado que termina por sustraerse incluso a la percepción intelectual, y no sólo de los profanos. No hace falta abundar en populares malentendidos como el de que la relatividad especial y general termina con la física absoluta newtoniana, cuando lo que se trata es de preservarla al máximo sacándola de sus eventuales apuros –e introduciendo nuevas cantidades absolutas, como la de la velocidad de la luz. Con todo, cabe comprender que hay un margen suficiente de ambigüedad como para generar estos y otros malentendidos, pues la relatividad, como su propio nombre indica, introdujo también sus propios conceptos relacionales, exactamente igual que Newton los introdujo en su teoría de la gravedad y en los mismos principios de la dinámica. ¿Qué significa en definitiva el uso de cantidades absolutas? Que hay leyes que no son invariantes bajo algunas transformaciones de escala. Traducido a efectos, esto sugiere que si doblamos las masas del universo en la teoría newtoniana, también se doblaría la fuerza de aceleración con que caen los graves, de manera que lo percibiríamos de inmediato; lo que es sólo una muestra de cómo en la física de Newton no sólo espacio y tiempo, sino también la masa, es absoluta por definición. Boscovich, hacia 1755, propuso explícitamente el concepto contrario: que el universo entero podría expandirse o contraerse a cualquier velocidad sin que nosotros llegáramos nunca a percibirlo, si las fuerzas también cambiaran al unísono. En sus propias palabras,

> Un movimiento que es común a nosotros y al mundo no puede ser reconocido por nosotros. 3

Lo impalpable de este principio no carecería de implicaciones, pues nos está diciendo que cualquier cambio uniforme a escala global es inmensurable, y por lo tanto, absolutamente irrelevante a efectos de la observación. En tal caso, sólo cambios locales, no uniformes o no isótropos podrían ser observables y tener algún valor informativo. Huelga decir que este principio no está contemplado por los supuestos de la moderna cosmología, que intenta medir por todos los medios tasas de expansión; y, con todo, sigue pareciendo un concepto en perfecta armonía con el espíritu de la física moderna –lo que indicaría de nuevo la gran ambigüedad que comportan los principios más generales. Los conceptos de la mecánica relacional se han percibido siempre como deseables, y se han incorporado en una muy considerable medida; pero paralelamente, se ha introducido la ya en sí misma extraña noción de los conceptos absolutos, de *conceptos que no dependen del mundo material externo.* Y en esta actitud dual se encuentra todo el nudo de la física moderna, plenamente patente desde los tiempos de la dinámica de Newton.

El principio de las proporciones físicas entra en el dominio del tiempo y la dinámica moderna a través de las leyes de Kepler. Newton retoma esta parte puramente proporcional que hay en tales leyes y la combina con sus propios postulados; la fantástica ampliación del dominio de predicciones que pareció abrirse se debe a la parte de los postulados y su asunción. Si tomamos las tres leyes de Newton, se observa que la segunda ley que describe la fuerza satisface el principio de proporcionalidad en relación con la tercera ley que nos dice que las fuerzas actúan siempre en un par de acción y reacción. Y sin embargo, no está claro en absoluto que la tercera ley cierre sin más el círculo sobre la primera, que dispone de la inercia, como sin duda se pretende. El propio Assis, que nos ha brindado la formulación explícita del principio de las proporciones físicas, afirma que "la misma fuerza de inercia, que se opone a la aceleración, viola su Tercera Ley del Movimiento, porque el espacio absoluto no puede sostener la fuerza de reacción necesaria".[4] Se trata de una afirmación que junta a partes iguales lo más evidente con lo más opinable, y sólo parece justificarse si buscamos una explicación de la inercia. Igualmente podría haberse dicho que tampoco el tiempo absoluto puede sostener la fuerza de reacción; y, por otra parte, la definición de masa absoluta que se introduce –"la propiedad intrínseca de un objeto que mide su resistencia a la aceleración"- es funcionalmente equivalente a la definición del tiempo, tal como se sigue directamente de las fórmulas. La palabra "resistencia" en la definición de masa es un circunloquio para su reciprocidad respecto a la fuerza; pero esta reciprocidad o relación sigue siendo absolutamente estática, pues no contempla ningún intercambio de energía.

Las definiciones de Newton dibujan un círculo vicioso o virtuoso, según queramos mirarlas. Su tautología no es objetable, pues se espera que las definiciones científicas sean justamente tautológicas. Otro tema es ya el paso de la definición a los hechos y medidas, pues cuando se superpone el método de definición y el método de medición tiende a cerrarse un círculo de un género enteramente diferente. La relación de reciprocidad de la masa con respecto a la fuerza no contempla el intercambio de energía, pero el acto de pesar una masa en una balanza es una interacción o intercambio evidente, que implica ya a los tres principios y a la fuerza de la gravedad. Naturalmente, las tres leyes de Newton dibujan un círculo cerrado en torno a la gravedad, y el mismo acto de pesar algo en una balanza es una diáfana expresión de la tercera ley en conjunción con las otras.

Pero es justamente en la extrapolación a la gravedad, para la que se ha creado todo, donde surgen las más importantes objeciones. Los tres principios del movimiento, amén de perfectamente razonables dentro del ámbito de experiencia accesible hombre, pueden ponerse a prueba en este mismo ámbito tantas veces y en tantas circunstancias como queramos; pero las leyes que implican una acción a distancia no tienen para nosotros la misma disponibilidad. Nicolae Mazilu ha insistido en este problema, y en particular en el carácter infalsable del tercer principio para las acciones a distancia como la gravedad, que está por debajo de la problemática que sobre la inercia planteó Mach. Para decirlo en sus propias palabras, "el tercer principio de la dinámica es una proposición verdadera sólo para el caso de dos fuerzas actuando sobre el mismo punto material".[5] Por "verdadera" aquí ha de entenderse científica, en el sentido de empíricamente refutable. Pero es que, ya desde el punto de vista de las definiciones, no tiene el menor sentido hablar de acción y reacción de fuerzas si no tenemos un punto de aplicación. De hecho estamos ante un principio específico de la mecánica, y la extensión de la mecánica a lo que acostumbramos a llamar dinámica pasa por aquí. Sin duda fue la generalización de la noción matemática de vector la que se encargó de saltar sobre el vacío evidente que exhibe este problema; pero está claro que ningún formalismo matemático puede alterar el estado empírico de la cuestión y su rango de accesibilidad. Con la aplicación de vectores pasamos a imaginar con la mayor facilidad equilibrios abstractos de fuerzas incluso cuando no existe un punto material de aplicación; de este modo terminan por asumirse fuerzas allí donde no son en absoluto aparentes. Este "salto en el vacío", a su manera, también tiene su propia reacción. Los principios de la mecánica de Hertz, como Mazilu recompone con gran penetración, apuntaban a la necesidad de precisar los límites del tercer principio.

Desde el comienzo resultó manifiesta la diferencia entre las fuerzas materiales que el hombre es capaz de aplicar y la fuerza de la gravedad. Las fuerzas impresas sobre los cuerpos producen a éstos, además de movimiento, deformación, pero en la caída libre de los graves hay movimiento sin deformación; parece como si estuviéramos ante un "tercer estado de reposo". En la "mecánica terrenal" una misma fuerza sobre dos masas diferentes creará una reacción más lenta en la masa mayor, pero en la "mecánica celeste" de la gravedad, como ahora sabemos, todos los cuerpos caen con igual velocidad. La equivalencia no basta para salvar tan chocantes diferencias. Las fuerzas de inercia no se someten a la ley del par de fuerzas; carecen de reacción tanto en la dinámica de Newton como en la generalización relativista de Einstein. Se han propuesto innumerables modelos de dinámica puntual, especialmente desde los tiempos de la electrodinámica; muchos de ellos muestran ser válidos, por más que se los considere irrelevantes. Ya antes, D'Alembert introdujo un principio equivalente a la segunda ley de Newton que permitía la aplicación a continuos y agregados, con una fuerza inercial central y un par de torsión inercial que puede actuar libremente. El Análisis y la Geometría analítica muestran claramente que el movimiento rectilíneo uniforme de la inercia puede obtenerse de un equilibrio o resultante cero de fuerzas. Si queremos llevar a efecto las ideas de la mecánica relacional es necesario buscar expresiones que sean simultáneamente válidas para todos los sistemas de referencia, pues resulta difícil de creer que la naturaleza y sus leyes tengan nada que ver con arbitrajes tan eminentes.

Ente dos aguas, la relatividad general busca una solución de compromiso para el tema, pero todavía lo complica más, al combinar dos factores distintos como son los sistemas de coordenadas y el observador físico y sus aparatos. En la relatividad general se abandona la noción de la gravedad como fuerza en favor de la noción abstracta de deformación local de la geometría del espacio-tiempo. Resulte o no plausible, esto explicaría al menos la ausencia de deformación en caída libre; pero la deformación de los cuerpos por su propio peso en situaciones estáticas, se debería sólo al cambio del sistema de referencia. El principio de equivalencia de la relatividad expresa justamente de la equivalencia de las llamadas "fuerzas ficticias" de la teoría newtoniana y la "fuerza real" gravitatoria, pero las llamadas fuerzas ficticias no conservan su valor con el cambio de sistema de referencia, mientras que sí las llamadas fuerzas reales. Además, las primeras, como las fuerzas de inercia, no resultarían de ninguna interacción, y sí la fuerza gravitatoria, de cuya interacción en términos materiales nada sabemos. El espíritu de las tres leyes de Newton se puede resumir en una simple afirmación: nada se mueve sin una fuerza externa. Pero resulta sorprendente que, cuando buscamos una dinámica clásica válida para todos los sistemas de referencia, el movimiento de un cuerpo no se determine por las fuerzas actuantes en él, sino que es también el propio cuerpo el que determina el movimiento, ejerciendo sobre todos los demás cuerpos la interacción necesaria para conservar el equilibrio.

Cuando uno se sienta sobre una silla o un cojín, como antes en el caso de la balanza, automáticamente se aplican los tres principios y la llamada fuerza de la gravitación; aquí hay deformaciones y puntos de apoyo para las fuerzas, y a uno le parece evidente que es su propio cuerpo el que ejerce un empuje sobre la silla, antes que pensar en sea atraído como un cuerpo inerte. Ambas cosas se pueden hacer equivalentes, pero, en caída libre y en ausencia de un punto de apoyo, ya no hay signos internos ni externos de fuerzas, como en el clásico experimento mental del ascensor. Newton postulaba el principio de inercia en ausencia de fuerzas, para calzarla a su vez en una fuerza real que carecía de punto de aplicación para el tercer principio. Parece que seguimos sin resolver la ambigüedad, pero el caso es que aquí se plantea una nada despreciable cuestión: la física puede elegir entre desarrollar la dinámica desde el punto de vista de la inercia, o ignorar a ésta última totalmente para dar una descripción puramente cinética en términos de equilibrio. A esto aspiran los criterios de la mecánica relacional y el principio de equilibrio dinámico propuesto por vez primera por Assis en 1989: "la suma de todas las fuerzas de cualquier naturaleza (gravitatoria, eléctrica, magnética, elástica, nuclear, etc.) actuando sobre cualquier cuerpo es siempre cero en todos los sistemas de referencia." [6] Siendo la suma de todas las fuerzas cero, en cualquier estado de movimiento del cuerpo, se sigue como corolario de este principio que sólo podrán medirse ratios de fuerzas. Otra forma de enunciar este principio es que "la suma cero de todas las fuerzas produce el movimiento observable", pero aquí nos delata nuestra propia inercia para pensar la inercia, pues pensamos inmediatamente que una suma cero no puede producir nada, y menos un movimiento. Tal vez lo captamos mejor si invertimos los términos: "el movimiento observable produce una suma cero de fuerzas" –esto es, el movimiento observable del cuerpo equilibra la suma de cualquier otra posible interacción y en cualquier sistema de referencia. Puesto que aquí no es necesario postular una energía cinética contrapuesta a la energía potencial, que ya suponen sistemas inerciales absolutos, el principio de equilibrio dinámico en términos de energía dice así: "La suma de todas las energías que actúan entre un cuerpo y todos los otros cuerpos del universo es siempre cero en cualquier marco de referencia."

El equilibrio de fuerzas es algo bien distinto de la ausencia de fuerzas que como petición de principio requiere Newton para la ley de inercia. ¿Puede haber ausencia de fuerzas? Lo cierto es que la física moderna nos dice lo contrario y las encuentra por doquier. En todo momento y lugar puede darse una suma cero de fuerzas; la ausencia de fuerzas no se da en ningún lugar salvo en el mundo de los principios. Aquí no hay equivalencia que postular; y de hecho, las dinámicas sin distinción de marcos de referencia pueden mantener su validez incluso cuando el tercer principio no es válido –no tiene en qué apoyarse. Es esto mismo, sin embargo, lo que parece descalificar estos modelos a los ojos de casi todos, que creen ver aquí la violación de los principios más elementales de conservación. No sabemos cómo el principio de equilibrio dinámico podría violar los principios de conservación; de lo que se trata es de dos formas completamente diferentes de atender a los requerimientos conservativos. Una parece apuntar a lo real, y la otra a lo ideal. La inercia en un marco absoluto es ideal y obliga a considerar fuerzas ficticias; la dinámica relacional devuelve su carácter real a estas fuerzas, también debidas a la interacción, y distribuye la reacción entre toda la materia del universo. La diferencia entre ambas puede ser más que notable, pero está claro que en la teoría lo que ha prevalecido hasta ahora ha sido el caso ideal, y que queda para la observación y la experimentación, en la medida en que lo permita la teoría, el revelar el contenido en los casos reales.

Algunos autores consideran a la ley de la inercia redundante dentro de las tres leyes de Newton. Este juicio parece llevar aparejado que no es necesario en absoluto explicar o dar una razón para la inercia, como han pretendido Mach y luego tantos otros. También parece que es la segunda ley la que lleva el peso de todo; y sin embargo el orden de precedencia de la primera ley no es en absoluto casual, ni desde el punto de vista histórico ni desde cualquier otro. Pues es posible partir de una asunción completamente distinta a la del principio de inercia, y todavía obtener muchos resultados esenciales de la mecánica: suponer que, "en ausencia de fuerzas externas", el "estado natural" de movimiento de un cuerpo no es el reposo o el movimiento rectilíneo uniforme, sino *cualquier estado posible de movimiento* –todo estado posible de movimiento es natural. Este fue, también, el cuarto corolario de Einstein para el principio de Mach: "Un cuerpo en un universo que por lo demás estuviera vacío no tendría inercia". [7] Es decir, la inercia sólo tiene lugar debido a la interacción con otros cuerpos materiales. Y es evidente que el reposo de una piedra o todos los movimientos "inerciales" que observamos no se presentan "en ausencia de fuerzas externas". La asunción de que el estado natural de movimiento de un cuerpo es cualquier estado posible parece, además, mucho más acorde con las circunstancias de la termodinámica, la mecánica estadística y la mecánica cuántica. La ley de la inercia sólo sería redundante si fuera imposible pensar algo distinto, pero no es este el caso. De hecho, si fuera necesario marcar una línea divisoria entre mecánica y dinámica, términos que usamos indistintamente, un punto de partida podría ser: cualquier mecánica necesita el principio de inercia, y una dinámica que hiciera honor a su nombre, no la necesitaría; como no necesitaría todos esos temibles y engorrosos arbitrajes de los marcos de referencia.

Así, estamos hablando tópicamente de mecánica clásica, cuántica, relacional y causal; pero desde el punto de vista de la filosofía natural siempre tenemos derecho a preguntarnos si existe la mecánica en absoluto –si de lo que se trata, justamente, es de plantearse cuál pueda ser el "estado natural" del movimiento de un cuerpo. Parece igualmente natural pensar que tal estado tendría que ser aquel que no se sometiera a nuestros opinables arbitrajes, por más cómodos y útiles que nos resulten. De este modo, en medio de las cuatro líneas de la mecánica, y más allá de los usos lingüísticos acostumbrados, todavía quedaría mucho espacio para preguntarse por el auténtico estatuto de la Dinámica. Ya se han formulado en cualquier caso otros modelos libres de origen de coordenadas, partiendo de la teoría de Einstein-Cartan y el espacio de absoluto paralelismo, con expresiones duales entre los movimientos con marco fijo y marcos móviles; y por más que estos modelos estén poco menos que olvidados, permiten explicar y deducir rigurosamente muchas de las ideas arbitrarias que introduce el cálculo en la física moderna. El cálculo, aun como mero útil o herramienta, nos sitúa ya de manera automática en el mismo género de arbitrariedades que parecen consustanciales a la mecánica.

Los formalismos del cálculo que hemos heredado de Leibniz, muy de acuerdo con el espíritu relacional, substituyen los infinitesimales por los diferenciales, lo que, también en el espíritu de Eudoxo, el más claro precursor de Arquímedes, nos lleva del dominio de la medida al de sus proporciones. La noción de diferencial de Leibniz, a efectos de cálculo, impone el requisito mínimo del aislamiento de la función: las cantidades son dependientes si la variación de la variable dependiente depende sólo de la variación de la variable independiente. Por su parte Newton, que asumía la continuidad del movimiento, no pudo evitar el uso de infinitesimales. La problemática de las medidas y las proporciones vuelve a suscitarse en el corazón de la mecánica cuántica con los debates sobre qué parte tienen unas y otras en el principio de indeterminación; sólo que aquí tenemos por medio un contexto estadístico o de probabilidad. Dejando los desarrollos a un lado, ya las formulaciones del cálculo de Leibniz y Newton pasan por encima de los problemas más elementales del movimiento, discutidos ya por los griegos, para llegar a los resultados deseados; problemas tales como el paso del reposo al movimiento o viceversa sin saltos, o los puntos de inflexión en las trayectorias de proyectiles y péndulos, y en general en todas las funciones más complicadas que se puedan plantear. Se ha podido dotar de rigor al cálculo mediante la aritmética y la noción de "paso al límite"; se trata de "pasos" y suplementos de carácter propiamente sintético, no analítico, que adaptan su arbitrariedad al dominio de las cantidades fijas, no las variables. Ninguna rigorización del cálculo podrá explicar jamás cómo puede el cociente de dos infinitesimales ser igual a cero o cómo un cuerpo cualquiera pueda salir del reposo sin un solo salto.

Tanto es así que, si no fuera por las constricciones que se le imponen desde fuera, el cálculo implicaría el movimiento perpetuo en sentido absoluto. Nos encontramos aquí con otra de las muchas paradojas de la construcción de argumentos científicos: los principios conservativos se imponen al cálculo desde el criterio externo de las cantidades fijas, pero las cantidades fijas están al servicio de un cálculo que se quiere generalizar al rango máximo, por encima del indefinido número de posibles contingencias. De aquí surge en buena medida el estatuto privilegiado de las denominadas constantes universales o absolutas, o cantidades que no dependen del mundo material externo; y de la conservación de tan peculiares cantidades se querría derivar el resto de las cantidades conservadas. Esto motiva la rutinaria invalidación de muchas teorías, por más que la mera postulación de constantes absolutas opere en detrimento de la transparencia de la ley real buscada. Otro de los efectos imponderables del cálculo es que pone a nuestra disposición un medio continuo matemático perfectamente controlable, frente al carácter harto incontrolable que han tenido siempre los problemas cuando se ha planteado un medio continuo físico. Leibniz propuso su llamado "principio de continuidad", que pide que cada movimiento o transición tenga lugar a través de estados intermedios; y no hace falta decir que para el cálculo esto no es problema, incluso cuando se trabaja con operaciones discretas. El continuo matemático ha venido a sustituir la necesidad del continuo físico, y también habría contribuido a ocultárnoslo.

La asociación de problemas de cálculo, geometría, y marcos de referencia se pone claramente de manifiesto en los movimientos de rotación, que tantos problemas dan incluso a una teoría tan sencilla como la relatividad especial. Ya Descartes propuso una mecánica de vórtices y vacío en que todos los fenómenos físicos dependían de la rotación y la aceleración, sin velocidades constantes ni sistemas de referencia inerciales; en tal sentido, su mecánica era la primera y más genuina de las dinámicas (Descartes, el primero en proponer un conjunto articulado de tres principios para la mecánica moderna, postula una ley de la inercia, que sin embargo no observa la relatividad galileana). A la mecánica de Descartes se la tacha siempre de rudimentaria, aunque más que rudimentaria es profundamente original; y gran parte de esta originalidad se debe, probablemente, a la falta de desarrollo del cálculo. Con el cálculo, a pesar de todas sus dificultades, nos acostumbramos demasiado pronto a saber lo que hay que esperar y cómo hay que esperarlo.

Es frecuente la caricatura del mecanicismo cartesiano como una monomanía de ruedas y palancas, cuando lo cierto es que si hay algo que dé vueltas en la naturaleza, difícilmente pueden ser ruedas, ni hondas a la manera newtoniana, ni ninguna otra herramienta creada por el hombre. Los vórtices, ciertamente, no son máquinas. La propuesta de Descartes tiene un corte más naturalista que mecanicista; lo que ahora entendemos como mecanicismo vino después, cuando se propusieron fuerzas sin descripción mecánica posible y se coligaron con artefactos eminentemente mecánicos y humanos como la honda, la bala de cañón o el péndulo. Justamente entonces, con Newton, surge el problema y el arbitrio de los sistemas de referencia, que se extiende a lo largo del tiempo para llegar hasta Maxwell, Einstein, o la supersimetría. Mucho de lo que entendemos y malentendemos como mecánica viene del vacío creado por la partición en sistemas inerciales y no inerciales; de ahí que sigan siendo instructivos e inspiradores los experimentos que estudian transiciones entre la inercia de traslación y rotación, así como la descripción infinitesimal y geométrica de estas transiciones.

Si comparamos la fórmula de Newton para la aceleración de un cuerpo en caída libre con la que nos da Assis en términos totalmente proporcionales, elegiremos siempre la de Newton si atendemos a criterios de inmediata simplicidad. Y aun dejando a un lado la simplicidad, tampoco nos libramos de enormes extrapolaciones al incluir magnitudes del universo observable tales como su radio o su masa gravitatoria. La misma gravedad local podría depender de la tasa de giro de las galaxias, y se supone, por otro lado, que la inercia se ha de derivar de la gravedad, una asunción tan frágil como cualquier otra. Todo esto es tan interesante como especulativo, y tal vez la inercia y la gravedad, tan abiertas a implicaciones cosmológicas, no sean el punto de partida más "proporcionado" para tratar de aplicar el principio de las proporciones físicas. Evidentemente, ningún principio de transparencia en las fórmulas podrá librarnos por sí solo de las incógnitas y las especulaciones. Nada de esto le resta legitimidad a las demandas de la mecánica relacional; como tampoco se ha entender que la mecánica relacional pase necesariamente por dar cuenta de la inercia por la gravedad a la manera de Assis. A lo que debería contribuir el principio de proporcionalidad es, como ya dijimos, a aislar planos puros de los fenómenos que se reflejen en razones matemáticas, tal como demanda el cálculo según los requisitos de Leibniz, el primer proponente moderno de la dinámica relacional. Se entiende que dar con el Qué de los fenómenos no es nada obvio; lo que ya nos cuesta más comprender es que no acabamos de dar con el Qué incluso en casos donde los cálculos parecen funcionar a la perfección.

Ahora se acostumbra a expresar las ecuaciones con constantes para atajar los problemas del cálculo. La ley de Hooke de la fuerza elástica, el primer ejemplo de ecuación constitutiva, es un buen ejemplo. Esta ley, formulada en 1678, dice simplemente que la fuerza de un muelle es proporcional a su tensión, cumpliendo a la perfección el principio de las proporciones físicas; sin embargo hoy suele escribirse con una constante dimensional de elasticidad, que oscurece la transparencia de unas proporciones indudables. Nos preciamos de nuestra herencia griega en materias científicas y de racionalidad, pero seguramente no es en esta clase de detalles donde la continuidad se hace más patente. Un tema fascinante que se nos oculta por completo al sustraernos a la comparación entre las expresiones proporcionales y las que envuelven constantes con dimensión es el de simetría versus proporcionalidad. Pues por un lado la proporcionalidad debería conducir a las expresiones más satisfactorias y simétricas; y sin embargo, observamos por el contrario que las ecuaciones que satisfacen estrictamente la proporcionalidad, como por ejemplo la ley de fuerza electrodinámica de Weber con su derivación para los casos que contemplan las leyes de Maxwell, son mucho menos "compactas" y "simétricas" que las de este último, siempre celebradas bajo este criterio. Y esto ocurrirá en general cada vez que queramos dar expresiones puramente proporcionales de otras leyes consideradas fundamentales.

Nada de esto es casual, pues las leyes hoy aceptadas como fundamentales buscan el camino más corto para cerrar y aislar su caso. Es decir, tratan de generalizar y estabilizar con constantes el requisito de aislamiento de la proporcionalidad que Leibniz demanda para el cálculo. Se evidencia de nuevo el carácter de mezcla o aleación que tiene la física de magnitudes absolutas: una parte proporcional, o relacional, y otra parte postulada y generalizada partiendo de las observaciones. Lo que garantiza el cálculo y la predicción sigue siendo la parte proporcional, mientras que la otra parte, procedente de la inducción y sujeta en principio a refutaciones, termina por sustraerse a éstas para definir el contenido del cálculo y las restricciones externas o principios conservativos que se le ha de imponer. Ningún ejemplo como el de Newton, cuyo tercer principio deviene infalsable en el marco de la mecánica celeste.

La mera aplicación del principio de proporcionalidad a casos ya mal definidos o definidos de una forma viciada no arroja necesariamente nuevas luces; por el contrario, debemos permitirnos redefinir a fondo el caso y la naturaleza de las cantidades implicadas. Las expresiones que mantienen explícitamente la proporcionalidad pueden compararse a pepitas de oro puro mezclado con el lodo de aluvión; las ecuaciones con magnitudes absolutas pueden ser una aleación innominada, pero refinada y pulida para que brille como el oro. El principio de proporcionalidad debería darnos los quilates de oro que tiene una ley, pero para hacer la "prueba del oro" necesitamos un agua nivelada. La leyenda nos dice que Arquímedes pudo descubrir cómo el orfebre había engañado al rey Hierón de Siracusa haciendo la elemental prueba de sumergir pesos iguales de los diferentes materiales, para ver el volumen de agua que cada cual desalojaba según su peso específico. De aquí surgió el primer *Eureka*, cuya prístina evidencia ningún otro descubrimiento en la física ha podido igualar. El principio de Arquímedes es el que sostiene a flote los barcos, y el que nos permite sostener en el agua cosas que no podríamos sostener fuera de ella; y algo enteramente análogo se aplica a la flotabilidad de las leyes. El agua que ha de darnos el nivel es el principio de equilibrio dinámico que postula la suma cero de fuerzas; y en esa agua flota el armazón de la mecánica de Newton, cuya inercia postula la ausencia de toda fuerza.

VI

Se han hecho toda suerte de objeciones a la teoría de la gravedad desde la misma aparición de los *Principia*, y no es el objeto de este escrito recapitularlas. La fuerza newtoniana coincide más que razonablemente bien con las observaciones inmediatas del sistema solar exactamente por las mismas razones que dan su regularidad a las leyes de Kepler: porque los cuerpos celestes, para empezar, tienen unas dimensiones más o menos puntuales en comparación con las distancias que los separan; y porque el espacio está comparativamente vacío. Ambas circunstancias lo convierten en un caso poco usual y afortunado para las predicciones; para seguir desvelando aspectos de esa magnífica regularidad celeste que ha extrañado al hombre desde tiempo inmemorial. La fuerza de Newton sería universal en la medida en que la densidad de materia se acerca a cero; y podría dejar de ser universal en la misma medida en que nos alejamos de esa densidad. Es decir, la fuerza de la gravedad no sería más universal que la densidad de materia y energía, lo que a su vez nos remite a un entorno dado. No es esto, desde luego, lo que dicen las teorías actuales; pero la idea no era en absoluto ajena a la intención de la relatividad general, si no hubiera tropezado con tan obvias dificultades de cálculo. Con cantidades incontrolables las incógnitas se multiplican, y la teoría, para llegar a alguna parte, tuvo que introducir no ya una, sino dos constantes absolutas –la gravedad y la velocidad de la luz; además de dar por conocida la densidad de materia Finalmente son estas constantes las que modelan al resto como contenido, cuando gran parte de la intención original apuntaba en dirección contraria.

La propagación de la luz depende de la naturaleza del medio, y lo mismo ocurre con las fuerzas electrostáticas y magnetostáticas; no se ve por qué razón la gravedad tendría que ser en esto diferente. Si sustituimos la idea original de potencial por la de densidad, a la manera de Maxwell, la ecuación de Poisson, tan básica en la determinación de los campos, incluyendo los de la relatividad general, nos dice que es la densidad la que determina las fuerzas, no que las fuerzas determinen la densidad. Esto parece conforme con los principios de una sana filosofía natural. Y, además, la densidad ha sido siempre en la física una cantidad primaria, aunque no sin proliferación de circunloquios. Véase si no la definición de masa, o cantidad de materia, en Newton:

> La cantidad de materia es la medida de la misma que surge de su densidad y volumen conjunto.[8]

Este es un inmejorable ejemplo de la clase de definiciones que los físicos han imputado siempre a los principios reflexivos de Aristóteles: peticiones de principio auto-evidentes trazando su círculo vicioso, o virtuoso, según se mire. Y que, en este caso, nos remite directamente hacia Arquímedes. Puesto que no tenemos ningún problema con el método de los dos autores griegos mencionados, tampoco lo tendremos con Newton en este caso. ¿Qué otra cosa hubiera podido hacer?

Hay, de todos modos, un simple cálculo que nos deja siempre en suspenso: si arrojáramos cualquier objeto en un hipotético pozo que atravesara la Tierra de lado a lado, el objeto describiría un movimiento armónico simple igual que el de un muelle o un péndulo. Esto es, tardaría 42 minutos en llegar al otro extremo, y volvería a caer en dirección contraria invirtiendo un tiempo idéntico. La oscilación completa duraría 84 minutos, lo mismo que le costaría completar una órbita ajustada en torno al planeta. Claro que si hiciéramos la misma operación en un asteroide del tamaño de un puño, arrojando un grano de arena, o en un grano de arena en el espacio libre arrojando un átomo en su interior, o incluso de un planeta a través de una estrella, en todos los casos tendríamos un trayecto de ida y vuelta de 84 minutos, con sólo que la densidad del objeto a atravesar fuera la misma que la de la Tierra, estimada en 5,5 g/cm3. Lo cual induce involuntariamente a pensar que es la densidad, y no la masa, la responsable de la caída gravitatoria. También nos lleva a asociar involuntariamente tiempo y densidad, en paralelo a la identidad o dependencia funcional que masa y tiempo guardan en la definición de fuerza newtoniana.

Como ya se ha visto, incluso las constantes de las tres fuerzas descritas por el modelo estándar de campos y partículas dependen de la escala de energía. Si nos preguntamos porqué no ha de ocurrir lo mismo con la gravedad, la respuesta es obvia: la gravedad estaría en la base misma de la escala de Planck, a la escala de energía más alta. Pero, por más que esto no deje ser una pura extrapolación, la escala de energía de Planck también parece seguir siendo una escala de densidad, que, por otro lado, también nos conduce a la reducción de las escalas de tiempo. Pero los problemas para describir la interacción de la gravedad no sólo existen en las escalas más reducidas; pensemos que la fuerza de atracción entre puntos de dos galaxias a grandes distancias astronómicas puede ser, debido a la disminución al cuadrado de la distancia, de un orden inferior a un cuanto de Planck por segundo. Es decir, la más pequeña onda de luz visible tiene millones de millones de veces esa acción. Resulta bastante difícil de creer que la gravedad, por sí sola, sea capaz de disponer del universo y ordenar sus estructuras; y esto con entera independencia de los datos que sugieren nuevas fuerzas del vacío a grandes distancias.

No hace falta irse a los confines del universo para comprobar la escasa capacidad formativa de la gravedad. Los mismos átomos de hidrógeno, tan volátiles, jamás habrían llegado a agregarse para formar soles y estrellas con la gravedad ordinaria, partiendo de nubes difusas y mucho más amplias. De hecho, la gravedad se ve en apuros para explicar cómo los planetas mantienen su cohesión, puesto que, como el propio Newton demostró, en el centro de los cuerpos la gravedad es cero y la materia debería gravitar hacia la zona intermedia. Anomalías como las de sondas en los confines del sistema solar, o la velocidad de rotación de las galaxias, también están abiertas a la consideración de la dependencia de la gravedad de la densidad media. Por lo demás, si la fuerza de gravedad se nos presenta desde el comienzo como una fuerza para medios vacíos, su extrapolación al interior de grandes masas materiales como nuestro Sol y las estrellas, por no hablar de singularidades más exóticas, ha de resultar particularmente especulativa.

VII

La separación entre mecánica clásica y mecánica cuántica no es sólo una cuestión de diferencias entre el mundo macro y microscópico; paralelamente, nos sugiere dos mundos con marcos causales completamente diferentes. Una causalidad continua y geométricamente representable, en el ámbito macroscópico, comparativamente "externo" para nosotros, y una causalidad nula para intervalos reducidos o puntuales, cuando queremos "entrar" en la definición de la materia. Es decir, asociadas a la separación de lo grande y lo pequeño, vienen otras contraposiciones, ciertamente relativas, sobre lo "externo" e "interno", causalidad y casualidad, geometría sin materia y materia sin geometría, etcétera. También podría decirse, si esto no se prestara a tanta confusión, que la mecánica clásica nos da movimiento sin móvil, y la mecánica cuántica, móviles sin movimiento. Pero es claro que ya en la física del siglo XIX, obligada a mantenerse en el ámbito de lo macroscópico, podía ponerse en duda lo neto de estas contraposiciones: las interpretaciones geométricas del electromagnetismo clásico eran altamente metafóricas, e incluso en la óptica, disciplina geométrica donde las haya, se ponía cada día más en evidencia el carácter estadístico de diversos aspectos de la propagación de la luz, latentes al menos desde el principio de Huygens.

Aunque suele contraponerse la mecánica clásica de los siglos XVIII y XIX con la gran revolución de la mecánica cuántica del siglo XX, no es difícil ver que el siglo XIX jugó un papel de intermediario en casi todos los aspectos, y no sólo en el obligado sentido cronológico. Lo fue en forma y contenido, y lo fue por su concienzudo esfuerzo metodológico, a caballo entre la época de los principios fundadores del barroco y la tajante y operacionalista época moderna. Y el cambio de estilo general, de criterio de selección –cosas, pensamientos, palabras y hechos- que McKeon subrayó también en la filosofía, la política y las artes, tiene en el caso particular de la ciencia una presión cuantificable e indudable: la sostenida tasa de multiplicación del conocimiento.

Según estimaciones bien consensuadas, la masa de conocimientos en todas las ramas de la ciencia, física incluida, se ha duplicado regularmente cada quince años y centuplicado de siglo en siglo, lo que significa que esa masa de conocimientos es aproximadamente *un millón de veces* la que existía cuando un Newton casi anciano publicó su *Optica*. La física ha logrado entretanto formidables generalizaciones, que de alguna manera han conjurado la amenaza de la dispersión, de manera que parezca posible tener una visión razonable del contorno de la disciplina y sus diversas ramas. Se impone una abstracción creciente en los formalismos para manejar las masas crecientes de datos y las diversas estructuras contempladas, lo que se refleja muy bien en la expresión de las fórmulas, que evoluciona a una velocidad similar a la del incremento de datos. El grado creciente de abstracción no es en sí mismo ni bueno ni malo, pero es en todo caso obligado, y esto también incrementa el riesgo de ir dejando casos y cosas al margen que la generalización de orden superior no puede permitirse contemplar. Un hombre de la capacidad de Newton tenía que resignarse a conocer sólo una parte, una nada redonda "mitad" de los problemas que le llegaron a ocupar. Si se aprecia que la física, en conjunto, ha permanecido fiel a su estilo y procedimientos, parece lógico pensar que la "cara oculta" de esa esfera ha seguido creciendo en tamaña proporción a la de la masa de conocimientos. Empero cambios de tercio obligados, aunque secundarios, en esta evolución, tienden a confundir nuestra idea de cómo y en qué sentido se van cerrando los contornos.

Puesto que la divergencia actual entre ciencia y filosofía no puede ser más patente, tendemos cada vez más a disociar su evolución; aunque no sea necesario recordar nombres como los Descartes, Newton o Leibniz para comprobar lo unidas que llegaron a estar en la decisiva fase de los fundamentos. No sólo física y filosofía, también la matemática coincidió en un mismo plano de invención y recreación. En filosofía la transición del "porqué" al "de qué clase", y del "de qué clase" al "qué"; o de los principios de las cosas a las cuestiones de método y pensamiento, y de éstas a los criterios de interpretación, describe una trayectoria bastante reconocible, aunque filtrada por las inevitables convenciones: del "racionalismo" y el "empirismo" a la fase "crítica" iniciada por Kant, y de ésta, abrumada crecientemente por indecidibles problemas de resolución, a las filosofías del siglo XX que manifiestan un rechazo explícito del "psicologismo" decimonónico y buscan criterios resolutivos de acción, interpretación o formalización. Aquí la división de las fases se presenta más que nada como una cuestión de tono y vocabulario común, y en absoluto se excluye la continuidad de temas, como no se excluyen los precursores, las "salidas de tono", los retrocesos y las apropiaciones. Está claro que Marx ya enfatizaba la acción antes de que mediara el XIX, y que lo hacía partiendo de presupuestos hegelianos que ya representaban un evidente retorno a lo especulativo después de las exigencias críticas de Kant; pero seguramente que lo primero que cristalizó y se congeló en el marxismo fue su rígida noción del método dialéctico, por la que todo el siglo XX le habría pasado factura. También es claro que Descartes se hizo famoso precisamente por su predicamento del método: pero lo que ha llamado la atención de los filósofos posteriores es lo poco que éste le interesa en comparación con la adquisición de principios que permitieran avanzar rápidamente sin tener que cuestionarse ya nada –su método entero es principio y petición de principio.

Algo similar puede apreciarse en la evolución de la física como tronco del resto de las ciencias empíricas; claro que las ciencias parecían ir de éxito en éxito tanto como la filosofía iba de fracaso en fracaso. El paso de la ciencia precursora o pionera a la ciencia consistente y sistemática se da justamente con Newton y la aparición en 1687 de los *Principia*. Y por idéntica razón, los"principios matemáticos de filosofía natural" suponen también un corte abrupto con gran parte de lo que hasta ese momento se había entendido "filosofía natural"; en particular, la parte cualitativa con la que se aspiraba a cubrir los enormes huecos en la descripción de los fenómenos. En verdad, hasta entonces casi todo era hueco, pues lo que podía aspirar a describir la matemática era realmente mínimo. Esta situación se invierte desde aquel momento, que ha quedado sin duda como el comienzo de la ciencia sistemática en gran estilo. Todo el siglo XVIII consistió en la progresiva asimilación y refinamiento de la mecánica clásica y el cálculo, siendo prominentes los nombres de los Bernouilli, Euler, Clairaut, D'Alembert, Lagrange y Laplace. Estos autores van traduciendo la incógnita fuerza de la gravedad en los formalismos más abstractos y menos geométricos del cálculo variacional y las descripciones en términos de potencial. Las nociones variacionales se insinúan por primera vez en la óptica con el principio de Fermat, si bien en la mecánica presenta sus propios problemas y obliga a distinguir, siguiendo la línea de Newton, entre fuerzas externas o impresas y fuerzas internas, como la inercia, que implican desplazamientos virtuales.

La primera determinación matemática de la repulsión electrostática viene, hacia 1785, de la mano de Coulomb; en los mismos años de la "Crítica de la Razón Pura". Sin embargo la ley de Coulomb no implica nada revolucionario, sino que por el contrario indica por hasta qué punto la idea de acción a distancia y con proporciones de cuadrados inversos comenzaba a resultar natural, y por ende, generalizable. Esta asunción irrevocable sería el único denominador común que cabe ver entre Kant y Coulomb; y también es más o menos por esa época que Laplace introduce el uso de G como constante universal. Pero ya dos décadas antes de ambos un teórico tan extraordinario como Boscovich había planteado las cuestiones fundamentales de la dinámica de campos y partículas, que tardarían todo un siglo en empezar a asimilarse. Una de las aspiraciones más o menos declaradas de Boscovich era reconciliar las ideas que de la dinámica tenían Newton y Leibniz, aun cuando las primeras era un conjunto acabado y las segundas una serie de ideas seminales sin articulación. Los inicios del XIX ven surgir conjuntamente los conceptos matemáticos de la teoría del potencial y la unión de electricidad y magnetismo que resulta en una multiplicación de los posibles fenómenos electromagnéticos a observar. Vuelve a reivindicarse la teoría ondulatoria de la luz de Huygens por obra de Young, y, sobre todo, los experimentos de polarización de Fresnel y sus argumentos teóricos. Es tras esto que Faraday aporta evidencia experimental a favor de la existencia del campo electromagnético, para que, en las décadas centrales del siglo, tenga lugar una cerrada concurrencia de teorías matemáticas con que describir el conjunto estos fenómenos, con Weber, F. Neumann, K. Neumann, Grassmann, Riemann, Clausius, Maxwell y otros. La controversia pareció cerrarse a favor de Maxwell con los famosos experimentos de Hertz sobre la propagación de ondas, hacia 1887. Por esas mismas fechas Hertz describió el efecto fotoeléctrico, y tuvo lugar el experimento de Michelson-Morley. Cien años después de Coulomb y doscientos después de la aparición de los *Principia*, esta fecha se presenta ante nosotros como la bisagra entre la física del XIX y las revolucionarias primeras décadas del XIX.

Junto a su enorme confianza y despliegue, el siglo XIX hizo gala de una notoria cautela metodológica. Con seguridad, esto no se debió a la influencia de filósofos como Kant, apenas perceptible, y sí al contenido de los fenómenos que se iban poniendo al alcance de la investigación. El siglo XIX asistió a la unión de la luz y el electromagnetismo, unión que asociamos automáticamente con el nombre de

Maxwell; pero los fenómenos dispuestos bajo esta unión se movían entre dos aguas, y esto explicaría antes que nada los escrúpulos. En esta época fenómenos que implicaban acción a distancia, como los de la luz, entraron tenuemente en contacto con otros fenómenos, los electromagnéticos, que también implicaban la acción a distancia, pero que ahora sí parecían intrínsecamente materiales amén de manipulables, en clara diferencia con la gravedad. Lo que resultó finalmente podía haber sido bastante distinto si no se hubiera dado la circunstancia de que la mecánica llegaba mucho más desarrollada al encuentro que la óptica o teorías como la de medios continuos, capaces de dar cuenta de lo que sugerían los experimentos.

Casi lo primero que hizo el siglo XX en física fue quitarse de encima los múltiples problemas del llamado éter luminífero y del medio en que se propagaban las ondas. Junto a esto surgió la teoría de los cuantos, basada en emisiones y absorciones discretas en vez de continuas. Es decir, las nociones del continuo en que se movió casi toda la física decimonónica fueron tan denostadas como el "psicologismo" en la filosofía; pero las ecuaciones de Maxwell junto a sus abstractos campos se asumieron como el trigo limpio y neto que había salido de la criba. La ruptura con la búsqueda del continuo por parte de la relatividad y la mecánica cuántica vino crucialmente asistida por lo que ahora se considera un rasgo característico de sus aportaciones: la introducción del observador en los postulados y mediciones. En esto se aprecia claramente el giro "accional" de los nuevos principios, su carácter operacional y logicista en el método, y la mezcla de interpretaciones entitativas y existenciales: átomos y el dudoso lugar del hombre en el universo.

Creemos que los periodos esbozados por McKeon se ajustan más que razonablemente bien a lo esencial de estas grandes transiciones. Puesto que las tres fases mencionadas se corresponden respectivamente con la búsqueda y consolidación de *principios, medios y fines*, se entiende que el siglo XIX, intermedio en el tiempo y exponente de la "zona media" de una problemática, pueda parecer mucho menos revolucionario y más conservador que la época siguiente. Y sin embargo es en este periodo donde probablemente se encuentra el nudo de este desarrollo de más de tres siglos: donde con más claridad vuelven a manifestarse las alternativas, con un cierto equilibrio entre medios matemáticos y riqueza de fenómenos accesibles. Cuando nos referimos al nudo nos referimos también a lo más intemporal del argumento: en este gran arco que va aproximadamente de 1700 al 2000, lo más intemporal redunda en el centro de este intervalo de tiempo, en torno al 1850, en que se fragua la teoría del campo. Es a partir de esa época que empieza a generalizarse el uso de la palabra "física" para lo que antes se denominaba "filosofía natural".

Volvamos un poco sobre este momento. En 1846 Weber hace pública la primera teoría electrodinámica capaz de describir fuerzas entre corrientes e inducción electromotriz. Su punto de partida fue el planteamiento del potencial retardado de Gauss, en 1835: con una velocidad de propagación finita, los cuerpos que se mueven relativamente con la velocidad de la propagación no pueden tener interacción. Esta inferencia suponía un gran avance con respecto al empirismo de Galileo y Newton, pues introducía en las leyes la dependencia de la velocidad. La ley de la gravedad de Newton, como la de Coulomb, ponía ahora de manifiesto su carácter estático: era una ley gravitoestática, como la de Coulomb era electrostática. Pero el trabajo de Gauss, como tantos otros suyos, no se dio a conocer hasta varios decenios más tarde, en 1877. La idea del potencial retardado de Gauss podía concebirse como actuando en un medio o independientemente del medio, y fue con esta segunda acepción que Weber trabajó. La ley de fuerza de Weber depende exclusivamente de la distancia, la velocidad radial relativa y la aceleración radial relativa entre cargas puntuales. La ley de Weber es la primera fórmula completamente relacional de la dinámica moderna, y como tal, es válida para cualquier observador y en cualquier marco de referencia; con todo, en principio no contemplaba el criterio gaussiano de la velocidad finita de propagación –su velocidad tendría que ser infinita. Pronto fue asumida por distintos investigadores del electromagnetismo alemanes, puesto que se correspondía con los datos experimentales; pero encontró las objeciones de Helmholtz, que por aquella época trabajaba en los principios de conservación.

Según Helmholtz la ley no cumplía los principios de conservación. Era difícil ver por qué motivo, y la única razón plausible sólo podía ser que la mentalidad estaba firmemente arraigada en las leyes estáticas –como, por cierto, todavía hoy lo está, a pesar de tantas revoluciones. También Maxwell acogió con grandes prevenciones la idea de una fuerza que dependiera de la velocidad, a pesar del indudable reconocimiento que hizo de los trabajos de Weber. Este último, por su parte, presentó en 1848 una función de energía potencial de la que podía deducirse su fuerza, aunque esto aún no probaba la conservación de la energía; las pruebas en detalle, que Maxwell admitió de buen grado, tuvieron que esperar hasta 1869 y 1871. La rectificación de Maxwell vino años después de que ya hubiera hecho pública su teoría, y científicos tan influyentes como Helmholtz ya manifestaban su inclinación por esta última. Las objeciones de Helmholtz demostraron no tener validez para el caso de la ley de Weber, pues el primero sólo consideraba distancias y velocidades de las cargas, y la ley en cuestión incluía además la aceleración.

La controversia pareció saldarse a favor de Maxwell con los experimentos de Heinrich Hertz de 1887, pero las conclusiones fueron precipitadas; pues la electrodinámica de Weber admite perfectamente la propagación a grandes distancias, sin necesidad de postular nada sobre su naturaleza y medios de transmisión. La teoría de Weber es una pura ley de acción a distancia que, ciertamente, no describe ninguna radiación; aunque tanto Weber como Kirchhoff derivaron la ecuación telegráfica con propagación de perturbaciones electromagnéticas en un cable a la velocidad de la luz bastante antes que Maxwell. Su teoría, en definitiva, no se ocupa del medio, pero en modo alguno lo excluye. Dio la casualidad de que, cuando los experimentos de Hertz parecían demostrar la existencia del éter, que las ecuaciones de Maxwell parecían necesitar, el experimento de Michelson Morley de esa misma época ponía el éter en cuestión al tiempo que mostraba las limitaciones de las ecuaciones de Maxwell para dar cuenta de las fuerzas entre cargas en movimiento –lo que vino a corregirse, en los comienzos de la teoría de la relatividad, con la fuerza de Lorentz. Claro que la ley de Weber ya daba similares resultados a la de Lorentz, en muchos de los casos, cincuenta años antes.

Weber fue además el primero en introducir la velocidad de la luz como factor en las fórmulas del electromagnetismo, determinando también su valor experimental. Lo chocante desde el punto de vista actual es que la ley de Weber, siendo un modelo entre partículas, fue rechazado por no tener nada que ver ni con el éter ni con la teoría de campos; finalmente el éter fue desacreditado, también circunstancialmente, pero se siguió usando una teoría de campos que se había quedado en el aire, o, más bien, en el vacío de su propia abstracción. Hoy se habla rutinariamente de la "propagación del campo electromagnético", aunque Faraday y Maxwell nunca afirmaron que el término "campo" significara más que una porción o región del espacio. Hablar de la propagación de las regiones del espacio no es algo que brille por su sentido ni por su contenido, pero no sabemos de ninguna elaboración posterior que haya precisado el asunto.

Los mejores argumentos que se hayan dado en favor de la existencia de un medio, y para los campos también, son de orden temporal tanto como espacial. El primero es la velocidad de propagación, cuya limitación parece totalmente arbitraria en ausencia de un medio. El segundo, dado por el propio Maxwell, es que en el intervalo temporal transcurrido entre la emisión de energía por un cuerpo y su recepción por otro, la energía ha de estar presente en alguna parte. El nudo de la teoría de campos estaría entonces en la conjunción de los elementos temporales y espaciales en la descripción de los procesos; pero la teoría de Maxwell hace un uso independiente de ellos, circunstancia que se repite, con numerosas complicaciones añadidas, en todas las modernas teorías de campos relativistas. Realmente, todos los desarrollos modernos, física cuántica incluida, son *una* respuesta a la pregunta sobre en qué medida es esto posible; y con seguridad, dejando a un lado las interpretaciones, nos dan *la* única respuesta si atendemos exclusivamente al criterio utilitario de buscar el camino más corto hacia las predicciones *dentro del orden de teorías sucesivas asumido* que conduce al planteamiento del problema particular.

La otra razón que suele aducirse a favor de las ecuaciones de Maxwell es su elegancia y compacidad; pero, alejándose de los principios de proporcionalidad, e introduciendo la independencia de espacio y tiempo en las ecuaciones, lo iluminador de su simetría es más que dudoso. Si comparamos la fuerza de Weber con la de fuerza de Lorentz, y dejando a un lado que la primera expresa cantidades homogéneas y la segunda no, se observa además que la ley de Weber es simétrica con respecto a las velocidades y aceleraciones, a diferencia de la de Lorentz; que la de Weber sólo depende de la línea recta entre las cargas, y la de Lorentz admite diferentes orientaciones en función de sus velocidades y aceleraciones; o que la de Weber satisface siempre el principio de acción y reacción entre partículas mientras que la de Lorentz, que ha de contar con el campo entre ellas, sólo lo hace en casos muy particulares.

La mecánica relacional de Assis, surge básicamente de la conexión de la filosofía de la física de Mach y de la ley de fuerza de Weber, extrapolada a la gravedad. Mach, por ejemplo, no aventuró qué clase de fuerza de las masas distantes podía producir las fuerzas ponderables de la inercia. Assis deriva los efectos de inercia observables de una ley de gravedad del tipo de Weber, con sólo tener en cuenta las velocidades y aceleraciones relativas entre un cuerpo y el resto de la materia distante. Es decir, no hace falta postular la inercia como fuerza ficticia opuesta a unas fuerzas genuinas, puesto que tanto una como otra son efectos cinemáticos y obedecen sólo al movimiento relativo.

Los trabajos de Gauss y Weber merecen un lugar de honor en la evolución conceptual de la física, y sorprende la poca atención que han merecido, tanto de las generaciones posteriores de científicos, como de los historiadores. Pero, al menos en cierto sentido, se sitúan en el centro de los problemas de la acción a distancia, 160 años después los *Principia* y a 160 años de nosotros. La electrodinámica de Weber es el ejemplo más llamativo de cómo una teoría puede llegar a ser considerada herética aun obteniendo cálculos correctos, y habla bien a las claras del peso que las ideas preconcebidas tiene también en la física. En su famoso tratado sobre electricidad y magnetismo, Maxwell, ya bien consciente de que ambas formulaciones eran capaces de explicar los fenómenos estudiados, subrayó la importancia de comparar ambos métodos para extraer las mejores posibles consecuencias. Probablemente esta encarecida recomendación no ha perdido nada de actualidad ni tan siquiera hoy, si es que los problemas han seguido estando donde estaban.

La teoría de Maxwell tenía otros rasgos de interés aparte del formalismo matemático, aunque también las fórmulas muestren una enorme plasticidad y estén abiertas, como no, a innumerables interpretaciones. Maxwell llegó a su teoría de campos a través de nociones de vórtices hidrodinámicos en un medio etéreo –un enfoque en el más puro estilo de la mecánica causal o cartesiana. En sus primeros trabajos, sus vórtices contienen incluso fuerzas de Coriolis; Maxwell creía además en el carácter real, no ficticio, de las fuerzas centrífugas. Curiosamente, la fuerza de Lorentz ya estaba presente como fuerza de Coriolis en su trabajo de 1861. Luego, desde 1865, prefirió hablar del carácter "dinámico" de su descripción, con un medio más expresable en términos de presión y tensión de la teoría de la elasticidad. Este tipo de descripción, con todo, seguía teniendo suficiente potencialidad plástica, y Maxwell nunca renunció a las explicaciones en términos materiales y mecánicos.

Cuando más tarde Lorentz hizo cuentas con experimentos como el de Michelson-Morley, procuró sintetizar el enfoque de Maxwell y el de Clausius, quien a su vez había introducido correcciones a la ley de Weber a la vez que rompía su pureza relacional. Del primero tomó el marco de campos eléctricos y magnéticos, y del segundo la ley del potencial retardado, y ahora deformado por añadidura. La ley de Lorentz, por supuesto, es el corazón de la relatividad especial que se ha aplicado con tan buenos resultados, y a la que Einstein vino a añadir una interpretación basada sólo en el observador. Había pues, en palabras de Nikolay Noskov, tres modelos equivalentes: "El de Weber-Clausius (partícula-partícula), el de Lorentz, (partícula-campo), y el de Maxwell-Hertz (campo-campo)". [9] La teoría de Lorentz era mixta, y las posturas de Weber y de Maxwell mostraban, todavía entonces, el polo relacional y causal de una misma problemática. Pero ya la idea del potencial retardado admite en sí misma las dos concepciones: la de Gauss se generaliza fácilmente si asumimos que la energía potencial exige el flujo de energía de un cuerpo; la de Weber es más que suficiente si consideramos la energía potencial como una cantidad inicialmente dada. Había además otras formulaciones, como la de Riemann, que se publicó póstumamente. La teoría de Riemann, compañero de trabajo tanto de Gauss como de Weber, era un caso extremo de mecánica causal, con un influjo o ingreso del éter al interior de la materia y ecuaciones diferenciales parciales. Luego vino la de Walter Ritz, continuando la línea de Weber y Clausius, que excomulgaba a las ecuaciones parciales e reintroducía en electrodinámica el problema de la irreversibilidad.

El campo fue lo que quedó en medio de esta batalla; la idea del campo electromagnético, se entiende. Se trataba de una noción lo bastante vaga y fantasmal para dejar abierto el problema de la transmisión en el medio, al que los científicos todavía se adherían, mientras que, por otro lado, ofrecía unas ecuaciones con las que se podía trabajar, eran notablemente simétricas, y a las que se fueron añadiendo las deseables simplificaciones y correcciones. Las diversas teorías no eran en realidad estrictamente equivalentes, y obtenían diferentes resultados según los casos. Pero la fenomenología del electromagnetismo es sorprendentemente variada, tanto que resulta inevitable pensar que hablamos de "electromagnetismo" sólo por comodidad. No hay simplemente "electricidad" por un lado y "magnetismo" por otro, sino más de una decena de fenómenos claramente diferentes, cuya reducción a efectos descriptivos es bastante forzada. Hay una ciencia de cargas y voltajes, ya suficientemente compleja, y otra no menos compleja de corrientes y circuitos. En retrospectiva, se aprecia además una inevitable tendencia a introducir correcciones expresas a una teoría para que case con un fenómeno particular, en perjuicio de su espíritu y forma original.

Que la teoría de Maxwell no es necesariamente la más completa lo prueban no sólo las correcciones ulteriores de Lorentz. Maxwell fue el más decidido continuador teórico de los supuestos de Faraday sobre el campo; y sin embargo sus ecuaciones no dan cuenta ni siquiera de algo tan elemental como el disco de Faraday de 1831. Este caso requiere para su explicación la fuerza de Lorentz –o la fuerza de Weber, que hace aproximaciones de primer orden igualmente buenas. Muchos físicos del siglo XX, incluyendo varios renombrados, han dado explicaciones incorrectas de este fenómeno; y todavía hoy existe un amplio desconocimiento del tema. Las ecuaciones de Maxwell, dejando a un lado el campo y su propagación, son una camisa de fuerza para los casos mejor aislados, encarrilados en conductores paralelos o en bobinas. Desde siempre se impuso ante la vista del hombre el carácter incontrolable y salvaje de la electricidad, en los rayos, por ejemplo, por no hablar de su combinación con los fenómenos magnéticos. Resulta entonces sorprendente que unas fuerzas tan salvajes en apariencia hayan encontrado acomodo en ecuaciones tan magníficamente simétricas; o, más si cabe, que hayan admitido ecuaciones puramente proporcionales como las de Weber. Con todo, parece dudoso que cualquiera de las teorías mencionadas pueda dar cuenta de todos los casos. A falta de una comparación exhaustiva, todo inclina a pensar que cualquiera de ellas hubiera necesitado correcciones; la cuestión entonces sería en qué dirección se hacen tales correcciones y qué es lo que se va sacrificando por el camino.

Así, la teoría del campo electromagnético fue una solución intermedia o de compromiso frente a las preguntas sobre el "qué" y el "porqué" de nuestro eje vertical de coordenadas, ejemplarmente representadas por las líneas argumentales de la mecánica relacional y causal. Junto a este eje teórico o definitorio tenemos el eje factual o de los hechos, con sus preguntas sobre "si es o no es" y "de qué clase es". Con demasiada frecuencia, cuando los investigadores introdujeron correcciones expresas en una teoría para que casara con ciertos resultados se omitió el debido replanteamiento sobre la clase a la que pertenecían tales resultados. En el caso de la electricidad, como casi siempre, la nube de humo a la hora de caracterizar y clasificar los fenómenos fue la asunción a priori de cómo debían aplicarse los principios de conservación –Helmholtz es el mejor ejemplo posible de esta confusión, que siempre tiende a reproducirse en los más diversos contextos. La física ha sido por naturaleza muy pobre en criterios clasificatorios, e incluso se ha preciado de ello, especialmente cuando se compara con otras ciencias mucho más empíricas y desestructuradas. El gran recurso del siglo XX, ante la barahúnda de partículas descubiertas, ha sido el uso de los grupos de simetría y la extensión a la teoría de campos del fundamental teorema de Noether. Pero este teorema lo que hace es crear separaciones formales o invariancias entre grupos de traslación, rotación, tiempo, u otras magnitudes; sigue siendo un criterio puramente formal y matemático, sin ninguna consideración por los problemas más básicos de las medidas en física. De este modo, se puede continuar introduciendo restricciones a priori sin entrar en la naturaleza de aquello que estamos midiendo, y esto debería situarse en primer plano si de verdad nos hallamos en el eje "horizontal" de los hechos. El enorme grado de abstracción de la física actual tiene su principal aliado en este criterio, aunque ya se indicó que el cálculo ha demandado siempre restricciones externas.

Fue precisamente hacia el final de la gran batalla del electromagnetismo que Heinrich Hertz tuvo el coraje de reformular los principios de la mecánica. Hertz, entre otras cosas fundador de la mecánica de contactos y estudiante junto al entusiasta newtoniano Helmholtz, advierte en sus *Principios de Mecánica* que "la concepción de fuerza asumida y creada en nosotros por la tercera ley, de un lado, y la primera y segunda ley, del otro, son ligeramente diferentes." [10] Hertz, que encuentra indeseable que en el marco newtoniano la fuerza sea a la vez causa y efecto, parece sugerir que la tercera ley comporta dos puntos espaciales diferentes, separados por un intervalo –lo que siempre se ha entendido en concomitancia con la impenetrabilidad de la materia. Pero habría que decir más bien que el tercer principio no tiene base, ni apoyo, ni contacto, si no actúa sobre el mismo punto. Hertz no dice esto abiertamente, pero Mazilu lo concluye, y es una conclusión perfectamente válida con sólo que observemos a qué se refieren los principios de Hertz. El núcleo de todo es la distinción entre partícula material y punto material, que deberían tener sus definiciones respectivas. Hertz entiende la partícula material como algo "invariable e indestructible", lo que ha de entenderse como aptitud para que se le apliquen fuerzas; y entiende por punto material un conjunto variable y destructible con un número cualquiera de partículas materiales conectadas entre sí. Se supone entonces que un punto material es de suyo una estructura complicada: una galaxia puede ser un punto material, y también el universo entero, cuyas partículas podrían ser entonces las galaxias. Lo mismo valdría, obviando otras cuestiones, para las galaxias y las estrellas que los componen. [11]

Los principios o definiciones de Hertz son una destilación de la mezcla de la búsqueda de realismo físico que tuvo el siglo XIX junto a su creciente capacidad de abstracción matemática. Sus órdenes de infinitesimales recuerdan inevitablemente a la naciente teoría de conjuntos de Cantor, surgida por la misma época; pero también invocan distinciones con un contenido físico difícil de ignorar, y que sin embargo suele deslizarse inadvertidamente entre nuestras consideraciones. Hertz, después de todo, fue un modelo de lo que se espera que sea un físico experimental; por más que sus *Principios* arranquen con una abierta declaración de apriorismo kantiano y se postulen como totalmente independientes de la experiencia. Mazilu intenta extraer algunas de las consecuencias de esta axiomática tan orillada por otras prioridades de la época. Una de ellas es que comporta diferencias entre movimiento y desplazamiento. Las partículas materiales sólo pueden ser desplazadas por fuerzas, pera las fuerzas sólo pueden actuar en los puntos materiales a través de las partículas materiales que los constituyen. De este modo, el movimiento observado no tiene porqué ser consecuencia directa de las fuerzas tal como nos obligan a creer las definiciones de Newton. El movimiento observable, cuando no se aprecian directamente fuerzas involucradas, puede describirse en los términos del punto material; se puede hablar de partícula material cuando se requiere describir fuerzas aplicables. [12]

Todo esto, cuya utilidad no se ve a primera vista, ni percibieron los físicos de la época, es esencial a la hora de juzgar la aplicabilidad del principio de equilibrio dinámico de la mecánica relacional; para definir, no ya la ausencia de fuerzas, sino su equilibrio en las partículas materiales –la suma cero de fuerzas. Las condiciones de isotropía del espacio que suele observarse en la mayoría de los casos no pueden deducirse de vacíos principios generales, sino precisamente de las condiciones reales de equilibrio. De esta forma podría trabajarse con el tercer principio sin necesidad de postular cantidades absolutas ni entrar en consideraciones metafísicas. [13]

Los principios de Hertz, tan generales, y dado que el punto material es definido como un conjunto, deberían tener una infinidad de incidencias estadísticas. Plantean además un criterio diferente para definir la masa, la densidad, la escala y los marcos de referencia. Su pertinencia es bastante aparente en campos como la astrofísica, la cosmología, o la teoría cinética de gases. La teoría de los partones que propuso Feynman para la fuerza fuerte puede verse fácilmente como una adaptación sofisticada de la noción hertziana de partícula material. Hertz se encontró con muchas dificultades matemáticas para definir equilibrios de fuerzas sobre un punto usando vectores; y es por eso que intentó finalmente prescindir por completo de las fuerzas. No existían todavía formalismos algebraicos adecuados para su tarea; hoy ya no es ése el problema. [14]

Sólo tenemos acceso directo a las partículas materiales; la parte "terrena" de la mecánica de Newton viene de ahí. La otra parte, adjudicada a la mecánica celeste, se refiere ante todo a los puntos materiales. Pero los puntos materiales tienen una estructura compleja, hecha de partículas materiales. La dinámica de Newton se desliza sin solución de continuidad de la partícula material al punto material, de lo real a lo ideal, y de aquí vienen infinidad de problemas que ya se insinuaban desde el principio. Hertz fue el primero en abordar esta cuestión, de tan desconcertantes dimensiones –puesto que el punto, como ya había señalado Leibniz, antes que una dimensión cero, es una modalidad. Aunque Hertz tuvo que atajar su propio programa por falta de formalismos, sus distinciones son las primeras que permiten un discernimiento entre fuerzas y acciones a distancia. Las partículas materiales que forman los puntos materiales, una estrella por ejemplo, también están sujetas a diversas acciones a distancia, como hoy sabemos. Puede entonces decirse que las fuerzas son un caso particular del caso más general, que es la acción a distancia. En la física moderna ambos términos se solapan, igual que se solapan las nociones de partícula material y punto material. [15]

La axiomática de Hertz, aún totalmente infradesarrollada, nos ofrece un contraste con las restricciones conservativas a priori que, de Newton a las extensiones de campos del teorema de Noether, imperan hoy en la abstracta física teórica. Éstas últimas han tenido un extraordinario desarrollo formal y algebraico, pero siguen sin entrar en algunas de las más elementales consideraciones físicas. Si volvemos a la "batalla del electromagnetismo", vemos que la posición de Hertz fue, incidentalmente, la misma de Maxwell, cuyas ecuaciones refinó y extendió a la propagación de ondas. Es decir, el planteamiento campo-campo, que quedó a mitad de camino como solución de compromiso entre las exigencias de la mecánica relacional y causal. Hertz, por un lado, quería prescindir de la noción de fuerza en beneficio de la acción a distancia, algo típicamente relacional; y por otro lado había desarrollado una mecánica de contactos con toda la problemática inherente a los medios continuos, objeto esencial del enfoque causal. No es extraño que se presente entonces como un mediador específico entre estos dos enfoques diametralmente opuestos; a diferencia de la mezcla o mediación inespecífica que la teoría del campo significa.

¿Existe algo que encaje naturalmente en las definiciones de Hertz? Parece que sí, y bien familiar. La luz, precisamente, que estuvo en el centro de los principales descubrimientos de Hertz: la propagación de las ondas electromagnéticas, el efecto fotoeléctrico, e incluso la mecánica de contactos, que partía del cambio de las propiedades ópticas en lentes apiladas sometidas a fuerzas. La luz, bajo el juicio retrospectivo de Mazilu, nos ofrece "el más sorprendente ejemplo de partícula material y punto material." [16] La luz, en el tratamiento corpuscular de la mecánica, es una partícula material en el sentido de Hertz; y la luz, como superficie de onda, se acerca mucho a la noción de punto material. Dada la generalidad de las definiciones de Hertz, creemos que no es una interpretación forzada. Naturalmente, esto debería tener relevancia en el cruce de caminos del que surge la mecánica cuántica. Mazilu muestra en qué sentido puede describirse la luz de manera clásica con independencia del arbitraje de la mecánica y el concepto, fundamentalmente estadístico, de la frecuencia. De Broglie, en su célebre artículo, introduce la frecuencia en conexión con el principio de conservación de la energía; pero la partícula sujeta a dualidad no es una onda, sino, propiamente hablando, un paquete de ondas. "La partícula clásica que considera de Broglie es realmente una partícula material en el sentido de Hertz... la onda concede plenamente un carácter de punto material a la partícula material clásica." [17]

Distinciones en la línea de Hertz parecen oportunas a la hora de buscar conexiones entre el enfoque relacional y causal de un problema; teniendo el primero tiene un carácter global y fenomenalista, y apuntando directamente el segundo a la localización de las causas materiales. Por otra parte la partícula material es una indicación de un punto en el espacio, y el punto material es un modelo físico de lo que percibimos. Puesto que prácticamente toda la física identifica a ambos, estas distinciones nos permiten salir de la camisa de fuerza de los principios conservativos aplicados a priori, para preguntarnos con la debida pertinencia "de qué clase es" el fenómeno observado, sin evacuar de antemano otras interacciones que las que se consideran. Esto, además, tiende toda una nueva clase de puentes entre sistemas mecánicos, dinámicas, y estadísticas. Como observa Mazilu a propósito del caso de De Broglie, "siempre hay un momento en que la partícula material queda promovida a la categoría de punto material, no añadiendo nuevas partículas sino nuevas determinaciones". Este es el brazo auxiliar del método de tesis o postulaciones. [18]

Del otro lado, los criterios de clasificación de los fenómenos inciden sin escape en los experimentos y observaciones; tanto en la concepción y disposición de lo observable como en su posterior interpretación. La versión más elemental del método científico viene a decir que el hombre propone y la naturaleza dispone, pero nuestras preguntas a la naturaleza sobre el "ser o no ser" de nuestras generalizaciones carecen de contrapeso *interno* si nuestros criterios clasificatorios parten sólo del método de postulación, que no ha hecho otra cosa que proponer una nueva entidad o determinación para adaptarse expresamente a un caso con exclusión de todo lo demás. Muchos considerarán, probablemente, que en esto consiste el círculo virtuoso del método científico; pero de este modo descartamos otra clase de relación equilibrada e inclusiva de causas, fenómenos, clasificaciones y predicciones. Parece claro que la actual maquinaria del descubrimiento científico trabaja con otra idea bien distinta de qué sea lo equilibrado e incluyente.

Las distinciones de Hertz conducen naturalmente a otro aspecto de la metodología experimental que, de tan asumido, llega a hacerse inapreciable por falta de contraste. Es el hecho de que en mecánica nos obliga a contemplar sólo cantidades controlables; y, como contrapartida, parece obligarnos a prescindir de las cantidades incontrolables. Esto, más que cualquier otra cosa, sería el factor decisivo cuando se optó por desembarazarse de la idea del Éter en el paso del siglo XIX al XX. Mazilu hace un análisis de la problemática mecánica del éter y muestra nuevas e inadvertidas facetas, relacionadas con las leyes constitutivas de la teoría de materiales. Muestra una teoría clásica y neo-fresneliana de la luz liberada de las nociones de la mecánica y el concepto de fuerza, que, en verdad, eran innecesarios en este caso. Trata de caracterizar un medio continuo "capaz de soportar tensiones sin presión cuando está en la materia, y de exhibir presión sin estar bajo tensión cuando está en el espacio libre". [19] Aplicando la ley constitutiva y matrices de tensión y presión, concluye que "la forma de las tensiones que no están acompañadas por deformaciones es aquella que caracteriza el caso de un campo eléctrico clásico, mientras que la forma de las deformaciones que no están acompañadas por tensiones es aquella que caracteriza un campo magnético clásico, o viceversa". [20] Puesto que la problemática del éter, en el conjunto de interrogantes suscitadas en el siglo XIX por la luz y el electromagnetismo, no es reducible ni al éter en el espacio ni al éter en la materia, debe considerarse la combinación de ambos, y ésta revela "*una estructura matemática describiendo las radiaciones electromagnéticas, y dentro de ellas, por tanto, la luz.*" [21]

La interpolación de Mazilu procura convencernos de que no tiene por qué haber contradicción entre una descripción del éter en forma de tensores y las medidas locales estadísticas. La perpendicularidad de los campos eléctrico y magnético se muestra como un rasgo puramente estadístico, en lugar de geométrico. También muestra cómo, ante el problema de los parámetros controlables e incontrolables, pueden darse índices fuera de control, como la orientación, que son sin embargo mensurables. Se entiende por valores controlables aquellos que pueden mantenerse dentro de límites que se pueden especificar. El principio de incertidumbre de la mecánica cuántica, por ejemplo, se inscribe dentro de las correlaciones controlables, antes que las mensurables. La mecánica clásica y las fuerzas aplicables nos han acostumbrado a su confusión. En la mecánica de medios continuos, por ejemplo, su distinción se impone. El dominio de las correlaciones mensurables pero no controlables es casi ilimitado, pero hasta ahora ha carecido incluso de un marco teórico mínimo para aglutinar datos. Este marco habría que encontrarlo, en gran medida, en la problemática de medios continuos, pero las teorías de base con las que se trabaja han evacuado de antemano su posibilidad. Y así, las disciplinas en mejor disposición para hacerse eco de todo ello, como la astrofísica y la cosmología, se ven compelidas a extrapolar hasta el infinito nuestro pequeño mundo de cantidades controlables y sus restringidas teorías.

La caracterización constitutiva del medio de Mazilu, se inscribe, en principio, dentro de la teoría de Maxwell; desde el punto de vista de la electrodinámica de Weber, ni siquiera existe necesidad de postular la existencia de campos eléctricos ni magnéticos, ni de un medio, por tanto. Walter Ritz, quien sólo aceptaba la acción elemental, ponía entre paréntesis incluso la interpretación de los experimentos de Fresnel; y, para colmo, también se han dado interpretaciones en términos de excitaciones colectivas u ondas estacionarias en un medio que tampoco aceptaban la lectura de estos experimentos, basándose en el argumento de que ondas compuestas pueden crear patrones de interferencia transversales. La idea de campo electromagnético también puede objetarse desde el inatacable argumento de que la presencia de fuerzas en un vacío sin materia no tiene realidad física alguna, y que la detección de la acción a distancia implica siempre un dispositivo material. Otros, a su vez, niegan la posibilidad de estas ondas compuestas puesto que niegan por principio la existencia de un éter o medio de propagación; Stefan Marinov volvió a la idea de un éter particulado y newtoniano con movimiento absoluto, y sus simplísimos experimentos sobre la anisotropía de la velocidad de la luz permanecen como un desafío para todos. [22] Assis, siguiendo los presupuestos de la mecánica relacional, insiste en que también cuando hay un medio, como en el caso de un proyectil y el agua o el aire, tendrían que figurar tan sólo cantidades relacionales; en este caso la velocidad relativa del proyectil con respecto al medio: “Si algún día el éter es encontrado, lo mismo debe ser cierto para él. La fuerza entre el éter y las partículas ha de depender sólo de la velocidad y aceleración relativa entre cada partícula y el éter, no de su velocidad en relación a algún observador o marco de referencia.” [23]

Cabe dudar de que los principios relacionales puedan aplicarse tan directa y literalmente a la caracterización de un medio que nos ha sido hasta ahora tan escurridizo. Pero, al menos, la mecánica relacional, en la línea de lo que cabe esperar del principio de Mach, y especialmente del principio de equilibrio dinámico, cuenta desde el comienzo con el entorno ambiente de los cuerpos y partículas, no sólo con las masas distantes. En la mecánica clásica y cuántica cualquier cosa considerada como entorno ha pasado ya la criba de restricciones extendidas sin justificación. No está de más insistir en que el principio de la resultante cero de fuerzas no implica la violación de los principios de conservación, sino, por el contrario, su especificación allí donde ahora es imposible observarla. En particular, en todas las interacciones a distancia, que se evidencian como una clase mucho más amplia que las de las fuerzas puntualmente aplicadas; y, como consecuencia de esto, cuando se impone distinguir entre punto y partícula material. Un buen ejemplo de esto es el efecto Aharonov-Bohm, expuesto generalmente como un fenómeno irreductible de la mecánica cuántica. En él se tiene un campo magnético nulo en las inmediaciones del movimiento de la partícula; y a pesar de todo, el campo magnético no deja de existir. Este es un buen ejemplo de la diferencia entre resultante cero de fuerzas y ausencia de fuerzas; pero es sólo a través de la primera que el tercer principio se puede aplicar. El efecto, que se muestra como un exponente de mecánica ondulatoria, es por esto mismo también un exponente del comportamiento ondulatorio del punto material en el sentido de Hertz. [24] Pero no sólo esta suerte de efectos residuales, sino la entera electrodinámica, puede derivarse del tercer principio clásico bajo los mismos supuestos. Boyer mostró otro formidable ejemplo para la teoría cinéticas de gases, donde el momento de las colisiones no se conserva, salvo que consideremos la radiación electromagnética debida a las aceleraciones. Pero aquí, como en la mayoría de los casos, ya se habían excluido de antemano todas las demás interacciones. [25]

Con la aceptación de las ecuaciones de Maxwell comienza a inclinarse la balanza hacia el siglo XX; pues, antes que nada, introducen principios accionales y un método operacional que alcanzarían un despliegue prodigioso en la centuria siguiente. Las ecuaciones de Maxwell traducen directamente las restricciones impuestas sobre el aparato experimental. El formalismo exige que los detectores estén en el estado de reposo del marco inercial del observador –si bien aquí la jurídica figura del observador todavía no emerge de forma explícita. De este modo se excluye que dos observadores hagan medidas simultáneas en el mismo punto del campo. La simetría espaciotemporal de sus ecuaciones procede de las derivadas parciales, separadas, para las variables del espacio y el tiempo. Hertz sustituyó la derivada parcial del tiempo en todas las fórmulas por una derivada total, rompiendo la celebrada simetría; esto, sin embargo, arrojaba una invariancia galileana para los fenómenos electromagnéticos.

La invariancia clásica, al menos en la acepción hoy acostumbrada, implica el mantenimiento de las leyes sin redefinición de términos; la covariancia, o permanencia de las leyes con redefinición de símbolos, aparece por primera vez con las ecuaciones de Maxwell. Y de hecho el propio Maxwell, que hacia el final de su *Tratado* reconoció que la clave de toda la teoría electromagnética es la ecuación de fuerzas entre cargas en movimiento, cambió todo el sistema de medidas que tan escrupulosa y trabajosamente habían elaborado Gauss y

Weber. Si todavía hoy esto nos parece legítimo, no es por las ecuaciones mismas, sino por el deseo de describir el medio para las interacciones de cuya asunción partía Maxwell. Y lo mismo cabe decir de la corrección asimétrica de Hertz, que fue más tarde arrumbada porque también éste asumía un medio o éter. La farragosa espesura del *Tratado* de Maxwell no puede estar en mayor contraste con la simetría de sus ecuaciones. De todos modos, hoy lo habitual es hablar de la invariancia de las ecuaciones de Maxwell bajo las transformaciones de Lorentz, aunque esto sea motivo para más confusiones y disputas.

Actualmente la idea aceptada es que las leyes clásicas del electromagnetismo sólo admiten covariancia; aunque autores como Phipps insisten en la invariancia clásica de la corrección de Hertz, y extienden su validez para los fenómenos relativistas.[26] Otro investigador contemporáneo, Oleg Jefimenko, aplica el retardo temporal, ya presente en Gauss, a las ecuaciones de Maxwell, con densidades de carga y corriente para los respectivos campos eléctrico y magnético; también continúa la extensión más o menos maxwelliana que Heaviside propuso en 1893 para la gravedad, del mismo modo que diferentes autores de finales de aquel siglo, desde Tisserand y Gerber hasta Schrödinger, extendieron la ley de Weber para explicar la precesión de Mercurio. Por otra parte, desde que Van Dantzig aplicara las formas diferenciales exteriores a las ecuaciones de Maxwell, han surgido nuevas posibilidades de simplificación de sus axiomas, como Mazilu apunta; o para indagar en sus intrínsecas propiedades topológicas, como ha hecho R. M. Kiehn. Domina Eberle Spencer somete a una triple prueba a la ley de Weber, a la acostumbrada de Maxwell-Lorentz y a una reformulación de la de Gauss, para concluir que esta última es la única que da resultados correctos en tres casos tan diferentes. [27, 28, 29]

VIII

Cuando miramos hacia atrás y contemplamos todo ese remolino de teorías, formulaciones e interpretaciones diversas, se comprende muy bien que la comunidad científica haya adoptado a menudo soluciones de compromiso, para poder seguir hacia delante y explorar los nuevos objetos que las renovadas precisiones experimentales ponen sucesivamente a su alcance. Ciertamente, si se atendieran todos los puntos de vista, o incluso sólo a los puntos de vista legítimos, no se acabaría nunca. Con todo, rara vez dejamos de creer que en el proceso de selección de teorías se ha recogido todo lo esencial; finalmente, creemos, la naturaleza y los experimentos disponen, y podemos dejar las interminables disputas sobre las interpretaciones para quienes deseen entretenerse con ellas.

Pero no es así como empieza la física del siglo XX. El célebre artículo de Einstein de 1905 "*Sobre la electrodinámica de los cuerpos en movimiento*" lo único que cambia con respecto a los trabajos de Lorentz y Poincaré es en la interpretación; y fue presentándolo como una interpretación que su autor defendió su trabajo ante las primeras objeciones. El principal atractivo de esta interpretación era la radical simplificación de un tan delicado problema. Einstein insertó el principio de relatividad formulado por Poincaré en las ecuaciones de Maxwell, que sólo admiten un parámetro de velocidad de propagación, *c*, de lo que surge automáticamente el segundo postulado de la relatividad especial sobre la independencia de la velocidad de la luz con respecto al movimiento de la fuente. Pero la diferencia capital de esta nueva interpretación, frente a todas las interpretaciones anteriores del problema del éter, fue la aparición estelar de la figura del observador, que de ser la parte subjetiva y circunstancial del cuadro pasa a ser el árbitro. Para Lorentz, todavía, la velocidad de la partícula de prueba era relativa al imán o conductor, con el que la interacción física es evidente –no en relación al observador. El aire maravillosamente ideal que la relatividad especial tiene, viene ante todo de aquí.

La relatividad especial y general continúan la ya larga trayectoria del método de postulación y tesis, con la introducción de nuevos principios. La mecánica cuántica también introducirá nuevos principios, y estos principios, de nuevo, volverán a incluir al observador. La relatividad especial y la mecánica cuántica, al hilo de las distinciones de McKeon, muestran principios accionales, derivados del conocedor; mientras que la relatividad general tiene principios comprensivos o globales como los de Newton –procuran dejar cerrado todo lo que se puede conocer dentro de su dominio. Que tenga principios globales es, después de todo, lo que cabe esperar de una teoría que se desliza hacia la cosmología casi sin quererlo. La relatividad general intenta incorporar "el principio de Mach" –reconocido como tal justamente desde Einstein; pero este principio tan vago como categórico contenía la nuez de un programa aún enteramente por desarrollar. El programa relativista y el programa de la mecánica relacional se separan demasiado pronto como para poder esperar que coincidan en el infinito.

La relatividad general sigue haciendo un uso exhaustivo del "principio de sincronización global" que aparecía en Newton bajo el nombre de "tiempo absoluto". Tampoco puede prescindir de cantidades no físicas, dependientes de los sistemas de coordenadas –sigue dependiendo crucialmente de la distinción de marcos de referencia.

Está además la noción de invariancia, que querría ser un principio, que pide que las leyes de la naturaleza mantengan la misma forma para todos los sistemas de coordenadas; y ríos de tinta han corrido sobre si la relatividad general satisface o no esta condición o la más débil de covariancia. No parece que esto sea cierto para los sistemas de referencia no-inerciales, pero, sin necesidad de entrar en discusiones, la cantidad y complejidad de cambios necesarios para hacer cálculos en distintos marcos de referencia acelerados no inclina en absoluto a pensar en leyes con una misma forma.

Con todo, y desde un punto de vista comparativo, resulta curioso que las ecuaciones de campo de la relatividad general sean percibidas por muchos como todo lo lejos que pueda llevarse el programa relacional; mientras que otros no dejan de ver, en el gran estilo de su geometría diferencial, una suerte de cartesianismo renovado. Estas visiones tan diametralmente contrapuestas se sustentan, una vez más, en la gran ambigüedad que, como mediador inespecífico, le ha tocado al concepto de campo desde su aparición. Ampliando un conflicto ya latente en la teoría del campo electromagnético, la relatividad general exhibe una contradicción inherente entre la parte fisica y la geométrica: el tiempo es por un lado un parámetro de las líneas geodésicas, y por el otro lado es en sí mismo una coordenada.

Llegó luego la cristalización de la mecánica cuántica bajo un aluvión de nuevos datos y la correspondiente presión por asimilarlos. Llama la atención que en los tres años escasos que median entre la tesis de De Broglie y la conferencia Solvay de 1927 se sucedieran, al ritmo de los locos años veinte, las aportaciones clave de Pauli, Schrödinger, Heisenberg, Born o Dirac. También aquí los problemas eran extraordinariamente delicados, pero por aquella época ya se había asumido, tras todo lo ocurrido con el electromagnetismo, que las únicas interpretaciones con las que merecía la pena contar eran aquellas que estaban al servicio de las predicciones. La mecánica cuántica se presenta así, antes que nada, como un formalismo matemático que permite hacer complejos cálculos: que se sepa, nadie ha sentido nunca la necesidad de llamarla "teoría". Sin duda las grandes figuras de este momento entraron aquí con la urgencia de quien tiene que apagar un fuego, y, confrontados con semejantes enigmas, se concluyó que ya era más que suficiente con poder calcular.

Uno de los rasgos más característicos de la mecánica cuántica es el solapamiento de la figura del observador y la definición axiomática del aparato. El primero es puramente subjetivo y la segunda, tajante y categórica, parece devolvernos a la objetividad; y sin embargo ambos aspectos sirven a un mismo propósito: eliminar los aspectos puramente materiales y locales del proceso de medida. Siendo las mediciones meros procesos físicos, la figura del observador tendría que ser completamente innecesaria; y sin embargo, la descripción del aparato no define todo el proceso de ajuste, selección e incluso "sintonización" entre su evolución y el proceso que muestra. Como observa Trevor Marshall, ni siquiera hay un reconocimiento de que cualquier sistema existe en un determinado ambiente, y que junto a las variables dinámicas, ordinariamente de número finito, hay un número infinito de variables ambientales estocásticas. Marshall y otros niegan que las desigualdades de Bell o experimentos como el de Aspect hayan demostrado el carácter irreductible de las conexiones no-locales, puesto que sólo se han realizado con emisiones de luz y no con partículas materiales o átomos. Los problemas de naturaleza y detección en ambos casos son completamente diferentes, y en los experimentos con fotones para confirmar las conexiones locales, existe una innegable selección de muestras con un grado de eficacia todavía muy limitado. Para Marshall, el "fótón" ni tan siquiera existe, siendo tan sólo el fenómeno material de la emisión y absorción. [30]

El carácter puramente utilitario se acentúa con las teorías cuánticas de campos, para las que la electrodinámica cuántica dio la pauta general. También aquí hubo un precursor, Ernst Stueckelber, que propuso una teoría perturbativa completamente covariante con un fotón masivo, y todavía hay quien se pregunta por qué razón estas ideas no tuvieron continuidad. [31] Nosotros sólo podemos suponer que finalmente se optó, como casi siempre antes, por el camino más corto hacia los cálculos; y aunque probablemente muchas de sus brillantes ideas se filtraron de una u otra manera a los formalismos ahora vigentes, lo hicieron, también como otras veces, en un contexto más desnaturalizado por las prioridades del cálculo.

Estaría fuera de lugar una crítica "teórica" de lo que es simplemente una herramienta predictiva, por más que luego se haya elevado su estatuto teórico con el nombre de grupo de renormalización; aquí el único punto que nos interesa es que, cuando se ha buscado la definición en detalle de la interacción electromagnética, no se ha avanzado nada en su problemática descripción, sino que se ha saltado por encima del viejo problema para entrar en un cuadro mucho más complicado y con nulas posibilidades de interpretación. De hecho, las interacciones de las que continuamente se habla violan, como ya se indicó, las normas elementales que se asumen en su propio marco descriptivo. La búsqueda puramente cuantitativa de mayor resolución no nos acerca ni a las descripciones completas ni a la definición de causas; todo indica, por el contrario, que librada a sí misma nos aleja indefectiblemente de ellas.

Y sin embargo, siempre se juega con la expectativa de que el próximo avance de resolución nos brinde el esperado "por qué" para un "qué" cada vez más inconcebible. Puesto que todo esto se hace aumentando el arsenal de tecnología matemática y unos grados de abstracción parcialmente discriminados –discriminados sólo en direcciones muy definidas-, no se puede evitar la impresión de que estamos jugando al escondite con nosotros mismos. La comunidad científica sabe un millón de cosas más sobre la luz que en tiempos de Huygens y Newton, pero la comprensión y el juicio individual saben tan poco a qué carta quedarse en algo tan "simple" como la luz como hace trescientos y pico de años. Y para el lego, sin duda, hay mucha más confusión. Verdaderamente, no vemos un avance conceptual neto; y sin embargo hemos dejado por el camino un montón de indicaciones que todavía hoy permiten refinar nuestros conceptos y método y no sólo el manejo cuantitativo de los datos.

Puesto que en esta clase de "leyes fundamentales" modeladas por un criterio netamente utilitario no se puede pretender buscar las causas, se busca un auxilio en una disciplina tan poco utilitaria y perturbativa como la astronomía. Pero la siempre libre astronomía ya ha quedado definitiva y totalmente subordinada a la astrofísica y la cosmología, que hacen un uso intensivo de los dos brazos de las leyes fundamentales, macro y microscópicas, y se desentienden a su vez de aspectos opuestos de la causalidad. Tal vez cabría esperar que ejerciera un papel mediador entre ambos, pero no está hoy en las mejores condiciones para ello, y apenas se le concede alguna posibilidad.

Valga como ejemplo la teoría de la Gran Explosión primigenia o Big Bang. La detección en 1965 de la Radiación Cósmica de Fondo se muestra sistemáticamente como gran éxito predictivo de la teoría, con alusión a las más que fluctuantes estimaciones de Gamow. Éste y sus colaboradores dieron unas temperaturas de 5 K en 1948, 7 K en 1953, y 50 K en 1961. Es decir, cada vez fueron alejándose más de los 2,7 K que pudieron medirse más tarde. Puesto que estas estimaciones implican la ley de la cuarta potencia de la temperatura, los 50 K suponen un nada despreciable error de más de cien mil veces de energía. Con todo, tales predicciones se contrapusieron al modelo estacionario de Gold, Bondi y Hoyle, de los años cincuenta, que en absoluto hablaba de este tipo de radiación. Lo que ya no suele decirse es que muchos años antes de todo esto, incluso antes de observarse el desplazamiento al rojo, y sin contemplar siquiera la idea del alejamiento estelar, hubo un gran número de científicos que hizo "predicciones" mucho más acertadas sobre la temperatura mínima natural: Guillaume acotó un valor entre 5K y 6K en 1896; Eddington 3,1 K en 1926; Regener 2,8 K en 1933, y

Nernst en 1937 y 1938; Max Born y Finlay-Freundlich un valor entre 1.9 y 6 K en 1953; sólo para resumir una lista que incluye a otros investigadores como de Broglie. Todos ellos partieron de la idea de un universo en equilibrio dinámico e ignoraron la posibilidad de una expansión; los autores posteriores a los datos publicados por Hubble en 1929 siguieron pensando que el viraje al rojo sólo podía deberse a mecanismos de absorción en el vasto espacio intergaláctico. [32] Algo parecido volvió a ocurrir con las anisotropías de la citada radiación, que se estimaron en centésimas o milésimas de grado. Finalmente se encontraron anisotropías, pero del orden de una cienmilésima. En lugar de abandonar la teoría, se introdujeron nuevas entidades para que cuadraran con las observaciones, y se anunció como el más trascendental de los descubrimientos que el universo está hecho en su mayor parte de "materia oscura no-bariónica".

Todo esto revela suficientemente que ha sido el contexto de las otras teorías "fundamentales" lo que ha impuesto la interpretación en este tercer campo en litigio. Pues, incluso si nos olvidáramos de que la relatividad general no tiene un medio natural de estabilizar las ecuaciones de su teoría del campo, aun tendríamos la idea de inercia vigente desde Newton que exige que todo se mueva por fuerzas externas, siendo esas fuerzas efecto y causa a la vez. Por su parte, en el dominio de la mecánica cuántica tenía bien poco sentido hablar de fuerzas; y de inercia, mucho menos todavía, pues todo era intrazable movimiento y energía. Lo natural, siguiendo la línea de razonamiento que había comenzado en Newton, era atribuir todo ese inconcebible bullicio a una causa externa remota, y si era una explosión, tanto mejor para el caso. No dudamos de que haya mucho espacio al fondo del túnel del tiempo, pero, con todo, se trata de un modo bien curioso de entender la conservación de la materia y la energía.

La precisión de hasta doce decimales que han conseguido en algunos casos muy particulares y determinados la electrodinámica cuántica o la relatividad general se utiliza a menudo como el mejor exponente de su verdad; pero pocas veces se habla de la cantidad de ajustes y requerimientos que tales cálculos introducen. En realidad, no hace falta estar muy familiarizado con el método científico para figurarse que cuanto más precisas son las predicciones más se aísla el objeto en cuestión para dejar fuera todo lo demás. Sin embargo, los nuevos requerimientos introducidos expresamente para un cálculo, como por ejemplo los púlsares binarios en los setenta, terminan por imponerse como de obligado cumplimiento para cualquier teoría que se ocupe de la gravedad. Esto tiene una carga de ironía añadida, si se advierte la escasa eficiencia de las ecuaciones de campos relativistas a la hora de hacer cálculos complejos –de forma similar a cómo las celebradas ecuaciones de Maxwell son ineficaces ante las más mínimas amplificaciones. Pero de este modo, generalizando restricciones que sólo son válidas para casos muy particulares, la ciencia crea sus cinturones defensivos para favorecer las teorías con las que trabaja y eliminar cualquier posibilidad de revisión. La precisión no debería convertirse en coartada o extorsión.

El énfasis en los criterios predictivos característico del siglo XX es perfectamente comprensible si atendemos a la sucesiva acumulación de datos y a la imposibilidad de dar descripciones realistas dentro de las teorías consideradas como fundamentales. Hoy, hasta el más tierno aprendiz de física sabe que ésta poco tiene que ver con la descripción y comprensión de los casos y que las apuestas predictivas son el nombre del juego; un juego, que sin embargo, se hace cada día más previsible. Y ahora resulta que cuando la palabra "predicción" se ha convertido en un mantra, hay cada vez menos posibilidades de hacer predicciones claras y significativas. La inflación de predicciones, como la de ajustes expresos y postulados arbitrarios, es una sola con su devaluación. Por lo demás, hasta la matemática de la física fundamental, festejada siempre por la elegancia de sus ecuaciones, se está haciendo tan "sucia" y heurística como la matemática aplicada a los problemas reales y complejos. Todo esto debería decirnos algo.

A finales del siglo XIX existía la difundida sensación de que la ciencia había entrado en una curva de rendimientos decrecientes. Kelvin dio eco a esta percepción diciendo que sólo quedaban por añadir nuevas cifras decimales a los cálculos. El siglo XX le dio totalmente la vuelta a este pronóstico, especialmente a través de la mecánica cuántica, que se ha convertido en la herramienta predictiva fundamental. Los físicos del siglo anterior no podían imaginarse que quedara todavía por explotar un inmenso dominio estadístico completamente diferente del de la mecánica estadística y la termodinámica clásicas. A comienzos del siglo XXI, la curva de los rendimientos decrecientes sólo podría cambiar en el caso de que todavía quedara algún gran dominio nuevo por explotar. Podemos preguntarnos entonces si esto es probable o improbable, y por qué razones.

Cuando escribimos esto, a finales del 2008, se está poniendo a punto el nuevo colisionador de hadrones de Ginebra. El principal motivo de su construcción ha sido detectar evidencias o trazas del mecanismo de masa de las partículas; o dicho de otro modo, buscar la razón de por qué unas partículas tienen masa y otras no parezcan tenerla en absoluto. Se dice, creemos que también por pura inercia, que el descubrimiento de este campo hará posibles nuevas Predicciónes, aunque en principio el problema es una cuestión de causa o "porqué", y no en un solo sentido sino por partida doble, ya que también se asume que el mecanismo tiene un significado cosmológico –la ruptura de la simetría a escala global. Por otro lado, este campo y su interacción con las partículas conocidas supondría el primer contacto entre la mecánica cuántica y la relatividad general; aunque ya el mero contacto entre la relatividad especial, tal como rige en el modelo estándar de partículas, y la relatividad general, no sea para nada obvio. El umbral de energía para la manifestación de este campo ya se ha tenido que elevar varias veces, y las decididas predicciones se han quedado en conjeturas o estimaciones. Por otra parte, las predicciones del modelo estándar en general van haciéndose más imprecisas a medida que aumentan los niveles de energía. Esto debería ser lo normal, ya que la mecánica cuántica es una teoría básicamente lineal, y con energías más altas también aumenta la no-linealidad de las interacciones. En vista de ello, algunos han dicho que podríamos estar acercándonos a un fondo de ruido estocástico o aleatorio. En los experimentos en preparación, los niveles de energía afectan al sector electrodébil; luego no es obligado pensar que el mecanismo revelado, si lo hubiera, dé cuenta de toda la masa de la materia observable, sino tan sólo de media milésima –quedando la masa de los núcleos para energías más altas. Con todo, cabe concebir que se destape el extremo de una pauta más general –de esa "nueva física" que los físicos están necesitando.

Puesto que los propios expertos están divididos sobre la existencia o inexistencia de este mecanismo, huelga decir que nosotros no tenemos la menor idea de cuáles puedan ser los resultados. Lo que si reconoce todo el mundo es que este experimento supone el primer encuentro entre la mecánica clásica, o clásica-relativista, y la mecánica cuántica, y esto ya es suficiente para nuestro análisis; pues esto muestra que efectivamente comienza a cerrarse el amplio arco de más de tres siglos que va desde Newton hasta nosotros, y viceversa. La mecánica cuántica ha sido la gran herramienta predictiva en nuestro acercamiento a la materia; pero para la mecánica newtoniana, fue la introducción de la masa absoluta, más que la ley de los cuadrados inversos de la gravedad, la que pareció ampliar hasta el infinito el dominio de las predicciones –extrapolando a las acciones a distancia las masas observables de la mecánica terrena. Ahora bien, puesto que en el dominio cuántico, que claramente exhibe acciones a distancia, la idea de fuerza está bastante fuera de lugar, y la masa de la mecánica clásica es ante todo el recíproco de la fuerza de la segunda ley, no es en absoluto obvio que las partículas hayan de tener una masa intrínseca. Por otro lado, derivar la masa inercial de la energía, conforme a la conocida equivalencia, es algo demasiado abierto y general aunque se imponga como la línea argumental básica.

Como se sabe el mecanismo de Higgs es una analogía tomada en préstamo de los estudios sobre "propiedades emergentes", no fundamentales, de estados coherentes de la materia condensada o ultrafría. En los sistemas incoherentes la inercia aumenta en proporción lineal con el número de partículas o átomos; en los estados coherentes la inercia aumenta al cuadrado del número de elementos. Esto también parece tener que ver con la respuesta claramente unidireccional en el tiempo de los primeros y la respuesta en cierta medida bidireccional de los segundos. Sabido es por lo demás que en la segunda ley clásica masa y tiempo son funcionalmente equivalentes. Puede resultar paradójico que para explicar una propiedad tan básica como la masa inercial se recurra a una analogía con la física de estados derivados o emergentes. Nunca como aquí podría decirse que la sustancia central se ha convertido en el vacío central.

La pregunta por el origen de la masa coincide con otros cruces de caminos. Cabe considerar, entre otras cosas, que se trate de una propiedad mixta, con componentes locales por un lado, y componentes no locales, globales o cosmológicos, por otro –radio del universo, densidad, etcétera. Incluso el principio de Mach podría interpolarse aquí. Otra cuestión de considerable ambigüedad es si el componente local o intrínseco es la masa gravitatoria o la masa inercial, y lo mismo para el componente global. Por otra parte, y desde el punto de vista más elemental, también surge la pregunta por el papel que aquí desempeñan el segundo y tercer principio de la mecánica clásica, que fue justamente por donde empezó toda esta historia. Si por un lado el segundo principio hace a la masa equivalente a una cantidad de tiempo, el tercer principio, que cierra la definición operacional de la masa inercial, presupone, a la vez que un intervalo espacial entre dos puntos, también la ausencia de intervalo entre dos momentos de tiempo. Según el segundo principio, fuerza es masa por aceleración, pero, si despejamos la ecuación, lo que nos dice es que la masa es igual a "la fuerza partida por la aceleración". ¿Quién sabe qué puede significar esto en términos físicos? Por otro lado, se habla a menudo de este mecanismo de masa, un tanto figuradamente, en términos de umbral y de fricción, y aquí todavía tendría pertinencia el viejo argumento de Aristóteles, cuya física era una física de fricción, de que no basta un hombre para mover un barco –esto es, de que dentro de un medio que ofrece resistencia han de existir umbrales para poner las cosas en movimiento. Aristóteles, por su puesto, es el tatarabuelo originador de la física causal y de la interpolación de un medio o éter. Desde el extremo opuesto, y en términos de relaciones puras, otra barrera conceptual para representarse el mecanismo de masa es que la masa clásica, ya lo vimos en la definición de Newton, sólo podemos concebirla como densidad, pero las partículas de la mecánica cuántica se postulan como puntuales; en tal caso, naturalmente, hablar de densidad tiene bien poco sentido.

En la física de partículas hay toda una escala de tiempo derivada de la escala de Planck, y cualquier interacción conlleva un lapso temporal; con todo, las emisiones y absorciones suelen describirse como momentáneas, con un tiempo que apenas parece ser más que un acompañante en el marco de correlaciones y variables. Ahora bien, incluso desde la mecánica clásica podría argumentarse que la medición operativa de la masa no puede hacerse sin tiempo, y que, por tanto, en un instante de tiempo no hay forma de determinar la masa. Habría que ver cómo se refleja esta circunstancia en los términos de la mecánica cuántica, y cómo pueda estar ligado a componentes locales y globales: frecuencia, espín, y un largo etcétera.

No está de más recordar que las palabras de Aristóteles para su teoría de la potencia y acto son respectivamente *dynamis* y *enérgeia*; e incluso podría decirse que toda la dinámica es física en potencia a falta de definir los mecanismos efectivos o "en operación", aquello que daría contenido al concepto utilitario moderno de energía. Los conceptos físicos del estagirita trataban de abarcar devenir y evolución además del movimiento. Salvo por el principio de exclusión de Pauli, obviamente fenomenológico, la mecánica cuántica no ha podido dar una base de estabilidad a la materia; pues las condiciones del campo para que se haga posible la interacción quedan caracterizadas como contingentes. Si resultara que la masa no obedece a un mecanismo o gradiente estabilizado, sino que depende directamente de las interacciones, toda la ontología de la física moderna habría perdido su fondo; pero tendríamos también la primera instancia de conexión real entre una dinámica intemporal y el tiempo como factor evolutivo.

Así que, en principio, e incluso con independencia del resultado de los experimentos, parece haber problemática suficiente como para que se abra un nuevo y amplio dominio en la historia de la física. Con todo, es oportuno distinguir entre el alcance teórico de los problemas suscitados y su traducción en predicciones, por no hablar de utilidades. Éstas últimas están prácticamente descartadas para un largo periodo de tiempo por el simple hecho de las escalas de energía concernidas. En cuanto a la utilidad predictiva para la extensión de la teoría de partículas, es algo que queda para los especialistas. Lo que nos interesa, antes que nada, es si hay espacio suficiente para una reorientación básica a nivel conceptual. Dada la naturaleza del juego de preguntas y respuestas entre el hombre y la realidad física, estamos convencidos de que *siempre* hay espacio suficiente para el giro conceptual, y de tanto calado como se pueda concebir; otra cosa es el tiempo efectivo que requieran tales maniobras. El origen explícito de este problema, el de la masa inercial, tiene más de trescientos veinte años; pero la forma en que ahora lo abordan los especialistas ante el banco de pruebas no tiene ni remotamente que ver con el planteamiento inicial. De hecho todo el arsenal tecnomatemático con el que ahora es tratado parecen reducir a la nada el peso de la postulación original –aunque ésta en ningún momento se excluya. Y así, igual que se han necesitado trescientos y pico de años para poner a prueba la materialidad de un concepto, podrían necesitarse otros trescientos para desenmarañar la jungla de conceptos que podría ocasionar la prueba material misma o su ausencia.

Uno tiene entera libertad de maniobra en sus conceptos, pero no las teorías y sus éxitos acumulados, que imponen largos periodos de tiempo para la asimilación de lo nuevo. La mecánica clásica se erigió sobre el vacío, la "ausencia de toda fuerza" que pone suelo a las tres leyes y a la cuarta ley implícita del tiempo absoluto o sincronizador global; el siglo XIX quiso llenar ese vacío con la idea de un campo entre partículas, que no era sino un mar de fuerzas incluso en el vacío mismo, allí donde no había nada material; el siglo XX abordó la constitución material de las partículas entre las que mediaban los campos, para llegar a la conclusión de que la estabilidad de las partículas, así como su masa, dependía a su vez del vacío; pero de un vacío fluctuante y energético que no puede estar en más franco contraste con el vacío o "ausencia de fuerzas" de la mecánica clásica original. Este nuevo vacío ha desempeñado el doble papel de vacío-auxiliar y vacío-trampa: las fluctuaciones del vacío se pueden medir y deducir por la reacción de componentes materiales; pero la energía neta o absoluta del vacío que predice la mecánica cuántica no se observa por ninguna parte, y de hecho se considera como "el mayor error de predicción de todos los tiempos": nada menos que ciento veinte órdenes de magnitud. Los teóricos suponen que debe existir algún "mecanismo" responsable de la reducción de energía, pero, una vez más, ¿por qué tendría que haber fuerza alguna ni campo en ausencia de elementos materiales?

Paralelamente a este motivo de la materia y el vacío, los tres grandes periodos, que vienen a coincidir con los siglos han desarrollado motivos conformes sobre la fuerza y la acción a distancia, y la luz como corpúsculo y onda. En el XVIII, en conformidad con Newton, se aceptó la acción a distancia y se rechazó la teoría ondulatoria de Huygens; en el XIX se rechazó la acción a distancia en beneficio de la teoría del campo y se volvió a la mecánica ondulatoria; el siglo XX, ya desde 1905, resucitó la teoría corpuscular de la luz y quitó de en medio al medio, aun reteniendo las teorías de campos. Parece que estos acompasados y sucesivos alabeos podrían seguir en este nuevo siglo y los siguientes, pero aunque los conceptos no se gasten, sí termina por gastarse nuestra confianza en ellos. Los conceptos se permiten la recurrencia porque también se recombinan con otras líneas de razonamiento paralelas. Materia y vacío, onda y partícula de luz, fuerza o campos de fuerza y acción a distancia, son sólo tres de las más relevantes; y, por supuesto, se fueron desplegando desordenadamente y con toda suerte de incidencias.

La teoría ondulatoria de Huygens era tan razonable en el XVIII como en el XVII; pero entonces los esfuerzos se centraban en el desarrollo de la mecánica; la acción a distancia era tan razonable cuando Newton la enunció, levantando enormes resistencias, como en el XIX cuando Weber la aplicó en el electromagnetismo; la acción a distancia Newtoniana venía asociada con una mecánica terrestre con fuerzas rígidas centrales, y cuando esto se aceptó como modelo, contaminó luego a la teoría de la luz, que ya en Huygens presentaba visos de un medio elástico y fuerzas no centrales; en el XIX se mezcló la teoría del medio continuo de la luz con la idea del campo de fuerzas, pero como el medio continuo no daba razón de las fuerzas se optó por desembarazarse del medio; el siglo XX "mató al éter" pero creó otro nuevo con el nombre de vacío porque sigue creyendo en la realidad de un campo de fuerzas independientemente de la presencia de materia y que dirigiría el movimiento de las partículas inertes. Podríamos seguir indefinidamente con esta historia un tanto tragicómica de encuentros y desencuentros, pero es fácil resumirla en muy pocas palabras: nunca a lo largo de toda esta historia se han confrontado ordenada y sistemáticamente las diversas teorías respetando su propósito y sus propios términos. Cada vez que concurrieron teorías rivales sobre una materia cualquiera, incidieron también consideraciones y prejuicios colaterales sobre otras teorías paralelas, o se confundió la intención de las preguntas y los planteamientos. Y, en la arena experimental, donde se supone que se deciden esta clase de disputas, las distintas teorías nunca estuvieron en igualdad de oportunidades; al principio, por la atención selectiva y la correspondiente falta de atención. Ahora, por la multitud de compromisos que requieren los grandes experimentos.

IX

El intrínseco sentido de la objetividad de la ciencia se ha visto siempre desplazado y zarandeado por el impulso de los programas de investigación, y por la vaga aunque inseparable idea de que lo que no sabemos hoy lo podremos saber mañana, o en todo caso lo tendremos más cerca. Pero en la "línea de futuro" de cualquier problema se van sucediendo interferencias, que terminan por hacer irreconocible el problema original; y cuando lo reconocemos, se saben demasiadas cosas como para hacer una evaluación desnuda. Por otra parte, la idea de unidad del conocimiento que solemos tener –aunque haya infinitas ideas al respecto- nos inclina casi siempre a pensar que entre teorías alternativas tiene que haber siempre un vencedor, y que de otro modo sólo caben interferencias destructivas. La verdad es que una buena parte de la historia de la ciencia desmiente esto, como puede apreciarse en el caso del electromagnetismo: ni siquiera se hubiera llegado hasta donde estamos sin la colusión de puntos de vista opuestos. Con todo, la selección fue siempre sesgada, marcada por circunstancias aleatorias e incontrolables, aunque con una línea de continuidad marcada por las teorías precedentes.

Sería por tanto deseable, aun como puro experimento, calibrar lo que se puede saber sobre un caso o tema en el presente sin necesidad de apelar a desarrollos futuros. Se supone que los expertos son aquellos que pueden informarnos sobre lo que ya se sabe positivamente en un área o especialidad; pero no nos estamos refiriendo a este género de conocimiento "positivo", que además también está mediado por las consideraciones del momento y las expectativas de futuro. La cuestión sobre lo que *podemos actualmente* saber, se refiere, claro está, a poner potencia y acto del conocimiento en un mismo carro y en una misma balanza. Dicho así suena un tanto extraño, pero no es ajeno al método científico. En la búsqueda y selección de soluciones para un problema, sería de desear que conociéramos todas las alternativas posibles entre las que elegir; si desconocemos algunas de las alternativas, dejamos espacio abierto para nuevas elecciones, y el proceso puede hacerse interminable. De hecho, este ha sido el caso más frecuente en los meandros de la investigación, que sólo la precisión creciente de las predicciones o cálculos ha ocultado –y dando por supuesto que el cálculo es sólo una herramienta que puede estar al servicio de cualquier tipo de teoría, incluyendo muchas sin fundamento. Se dirá que es imposible tener en cuenta todas las alternativas de los problemas, o aun las más importantes siquiera. Si por alternativa entendemos los últimos pasos antes de dar con una solución, es evidente que no podemos conocerlas todas; pero si entendemos por alternativa el comienzo del planteamiento, si parece posible cerrar un contorno muy amplio pero definidamente orientativo. En la todavía breve historia de la ciencia, se evidencia que las elecciones sucesivas decidieron negar incluso la alternativa frontal, para retomarla de nuevo mucho más tarde, y no sin olvidar algunos de sus elementos esenciales.

Así pues, la historia misma de la física ha evidenciado el carácter cardinal de nuestras "cuatro preguntas científicas" a la hora de decidir y juzgar los posibles enfoques. Estas cuatro preguntas, sin embargo, jamás se han aplicado de forma coordinada a ningún problema o teoría, ni mucho menos a la confrontación de teorías, porque, de puro generales, no se ha visto cómo podrían introducir algún criterio útil para el juicio. La respuesta, una vez más, parece darla la propia historia de la física. La búsqueda de términos puramente relacionales, y de formulaciones completas, exclusivamente cinemáticas y fenomenológicas, se ha contemplado siempre como un ideal científico no sólo deseable, también irrenunciable, aunque no ciertamente como el más práctico de los caminos. La explicación mecanicista de los porqués de las leyes, tan local y detallada como sea posible, también es un propósito irrenunciable de la ciencia; otra cosa bien distinta es que esta tarea se haya vuelto imposible por la acumulación de formalismos y descripciones cada vez más indirectas. Con todo, estos dos extremos o polos siguen definiendo el eje de rotación para el planeta científico a lo largo de su singladura.

Deberíamos preguntarnos por tanto hasta dónde podemos llegar en la definición del "qué" y el "porqué" en un campo tan limitado como sea posible; pues de ello dependerá hasta dónde puede llegar nuestra comprensión efectiva en territorios más vastos. En la luz y el electromagnetismo, por ejemplo. La luz está en el centro mismo de la teoría electromagnética moderna, y se da por supuesta su naturaleza elemental. Nuestras propias nociones del espacio han seguido fielmente la evidencia trazada por sus rayos, y probablemente nuestras nociones sobre el espacio físico efectivo nunca puedan trascenderla. Puesto que la luz llega a coincidir con el carácter diáfano de la geometría, parece que su descripción en los términos puramente cinemáticos de la mecánica relacional debería ser cosa hecha; y sin embargo la historia nos demuestra, por el contrario, que ha sido el primer motivo para las teorías de un medio continuo o éter desde Descartes y Huygens; esto es, para las teorías causales y propiamente mecanicistas. La evidencia sensorial nos habla de la propagación rectilínea de la luz; pero la superficie de onda que Huygens luchó por precisar nos habla de una deformación permanente en cada uno de sus puntos: de todos los puntos a todos los puntos pasando por todos los puntos. Cuando se piensa que la naturaleza, si acaso es simple, también ha de ser en igual medida sutil, la luz se nos revela como la inevitable pauta y arquetipo.

Podemos entonces preguntarnos hasta dónde llegan la mecánica causal y la relacional en la descripción de la propagación de la luz: y hasta donde es posible su alineación y su contacto. En la respuesta a esta simple pregunta está también la respuesta a la cuestión sobre qué nos es dado conocer sobre la naturaleza; pues si en un caso tan reconocidamente elemental no podemos alcanzar conceptos claros, es inútil esperar a que éstos nos lleguen de teorías infinitamente más complejas y sembradas de incertidumbres.

No se trata aquí, evidentemente, de buscar nuevas predicciones o utilidades. Para eso ya está la electrodinámica cuántica, que hace unos cálculos fantásticamente precisos –y siendo sus integrales de camino la generalización cuántica del principio de Huygens. También se sabe, por lo demás, que los expedientes de esta teoría son algoritmos de cálculo que ni pueden ni pretenden explicar lo que predicen. Por el contrario, sería más que deseable limitarse, al menos en principio, a la teoría clásica de la luz, tal como era asequible a finales del siglo XIX; pues ya entonces "el agente más sutil de la naturaleza" presentaba rasgos estadísticos que no admitían un tratamiento geométrico directo. A este respecto Mazilu nos ha recordado algo de formidable importancia: que el modo más apropiado de describir la luz es mediante *fuerzas no-centrales*, y que esta descripción ni siquiera ha sido contemplada dentro de la sabiduría convencional sobre el tema.[33] Es decir, ni siquiera se ha estimado digna de consideración la caracterización del mediador que mejor conocemos en la naturaleza, y para el que se ha construido un marco predictivo tan espectacular. ¿Qué clase de conocimiento o revelación puede esperarse entonces de la identificación de otros hipotéticos mediadores, como por ejemplo el de la gravedad? Lo primero que habría que esperar de la unión de los dos extremos mencionados es un provecho para lo meramente inteligible.

Pero con toda probabilidad el intento de conexión de estos extremos abre un nuevo abanico para las preguntas del eje horizontal, el de los hechos, los experimentos, y la clasificación de los datos. Pues si la mecánica relacional y la causal nos piden considerar el entorno de los cuerpos y el medio entre ellos, respectivamente, vemos que la física moderna no ha hecho sino cortar los lazos con ambos por golpes sucesivos: primero, en la mecánica clásica, con la introducción de cantidades absolutas; luego, en el encorsetamiento de la teoría del campo electromagnético y la luz de Maxwell, una reacción ante las cantidades incontrolables del éter; finalmente, en la mecánica cuántica, donde la descripción axiomática del aparato ignora el entorno de las medidas imposibilitando otras consideraciones locales.

Del mismo modo que se hacen imposibles las exigencias de los extremos del eje vertical, hay una evidente simetría con respecto a los extremos del eje horizontal: en el aspecto clasificatorio, la extensión inmoderada de las constantes y los principios, como ya se ha visto a propósito del tercer principio y la problemática del punto y la partícula material, o la aplicación indiscriminada de principios de conservación, como el de la energía, cuando no está garantizada la constancia de la frecuencia; en el aspecto puramente experimental, con la exclusión de las cantidades presentes y mensurables pero que no se pueden controlar. Esto es claro en la mecánica cuántica y en la teoría electromagnética, pero también la teoría de la gravedad ha dado notables ejemplos de esto: experimentos como los de Allais o los de Saxl y Allen, que han mostrado durante muchos años aumentos locales de la gravedad de hasta un cinco por ciento durante eclipses –cien mil veces superiores a lo que admite la teoría. O podrían citarse los experimentos de Shnoll a lo largo de muchas décadas, evidenciando correlaciones astrofísicas con procesos supuestamente aleatorios como las emisiones radiactivas. La gran línea inaugurada por Fresnel, que tantos éxitos ha cosechado en estos dos siglos, de buscar la reconstrucción simultánea de los resultados de medidas separadas, tiene todavía continentes enteros por explorar en el dominio de las cantidades incontrolables.

Algunos pueden preguntarse porqué se desatienden variaciones de un cinco por ciento y se buscan perturbaciones del orden de una trillonésima para, por ejemplo, detectar las ondas gravitatorias que predice la relatividad general. La respuesta, naturalmente, es que para las primeras no parece haber una teoría mientras que en las segundas se parte de la teoría misma en busca de confirmaciones ulteriores. Es cierto que estas "anomalías" no pueden ser contempladas mientras no haya teorías que de algún modo las abarquen o puedan dar cuenta de ellas; pero, por otro lado, las teorías ahora aceptadas ya han hecho todo lo que hacía falta para excluir estos factores, y difícilmente pueden estar en condiciones de contemplarlos. Tratar de unir los criterios de la mecánica relacional y la mecánica causal, opuestos y aun con todo complementarios, permite alcanzar alguna perspectiva sobre todo lo que falta, si es que las cosas están allí donde se dejaron; salvo que queramos asistir a versiones y reediciones siempre más desnaturalizadas de lo que antes no se tuvo en cuenta.

En cuanto al "ser o no ser" de los experimentos, existe el difundido prejuicio de que ya se han hecho todos los contrastes experimentales básicos, y que sólo cabe esperar lo nuevo de experimentos muy sofisticados y con un grado de precisión poco menos que prohibitiva. Es muy fácil demostrar que no es este el caso. Se ha dicho a veces que la física sería algo parecido al juego de las veinte preguntas, en que síes y noes sucesivos bastan para darnos la aproximación a la incógnita. Claro que las preguntas experimentales que la física ha cursado a la naturaleza han sido sistemáticas sólo en una dirección, desinteresándose de los enormes márgenes colaterales. De este modo, una vez que se considera que se han pasado ciertas comprobaciones básicas de pertinencia para los postulados, todo se va en aumentar los grados de precisión. La historia de la electrodinámica es un buen ejemplo de ello, y el estímulo tecnológico, más que el teórico, ha jugado aquí un papel fundamental. Sin embargo hay muchos experimentos soslayados en electrodinámica que requieren muy poca precisión: apenas un cincuenta por ciento, o a veces ni siquiera eso, porque todo se resuelve en un "sí" o en un "no".

La confrontación de las ecuaciones de Weber, Maxwell y Gauss por Eberle Spencer y otros, sin pretender agotar el caso, es un excelente ejemplo de ello. Se trata aquí de casos bien elementales: un horno de Hering, un generador unipolar y un circuito eléctrico de soldadura. En el primer caso una ecuación predice fuerzas tangenciales en dirección contraria, otra ninguna fuerza tangencial y sólo la última predice la fuerza tangencial indispensable para que el horno pueda operar. Respecto al circuito de soldadura, la primera predice que es imposible y para la segunda no hay fuerza en el punto de aplicación, mientras que la última si predice la fuerza en la dirección correcta. En cuanto a la prueba con el disco de Faraday en tres casos distintos, la primera de una función cuadrática en vez de lineal, la segunda da un resultado correcto en un caso y dos incorrectos, y la reformulación gaussiana da la función lineal del voltaje inducido y el resultado correcto en los tres casos. Hay que decir que la ecuación de Weber empleada no incluye velocidad de propagación, pero que la ecuación de Maxwell contiene las acostumbradas correcciones relativistas. 34

Así pues, no se necesitan experimentos complicados ni muy precisos con el objeto de confrontar sistemáticamente teorías y llegar a conclusiones; ocurre, simplemente, que no fue así como las teorías generalmente admitidas llegaron a la aceptación. Y, además, una vez que las teorías se han afianzado por el uso, no existe el menor deseo de proceder a su revisión. Pero al menos podemos librarnos de varios prejuicios tan infundados como generalmente extendidos. El primero es el ya apuntado de que sólo con experimentos de gran sofisticación se pueden alcanzar nuevos conocimientos. El segundo, ya visto cuando hablamos del principio de homogeneidad o de las proporciones físicas, es la idea de que las ecuaciones que se manejan son formalmente las más excelentes y deseables. Y el tercero es el que dice que la ciencia criba todos los elementos subjetivos para quedarse solamente con las verdades objetivas; por el contrario se observa que el método de postulación, por sí solo, introduce entidades y formulaciones heterogéneas, meras combinaciones de términos, y con ello nuevos complejos subjetivos, que no se quedan tan sólo en la interpretación, y que determinan en gran medida lo que se busca y cómo se busca.

Muy diferentes hubieran sido las cosas si las teorías se hubieran confrontado de una forma más sistemática y menos aleatoria. Por supuesto, siempre estamos a tiempo de hacerlo, pues la naturaleza habrá permanecido inmutable en todo este tiempo a la hora de darnos respuestas, y esto es lo único que importa. Para casi cualquier físico teórico actual, volver a estudiar los problemas que dejó atrás el electromagnetismo sería el menos ambicioso de los objetivos si no fuera un simple despropósito, puesto que desde una óptica determinada bien pocas novedades importantes cabe esperar –y dejando a un lado el generalizado descrédito que tales empeños merecen. Y sin embargo no es difícil ver que todos los problemas actuales para caracterizar el vacío, el gran rompecabezas de la física moderna, vienen de la supresión sistemática del entorno y el medio en los tres pasos sucesivos de la mecánica clásica, las teorías de campos y la mecánica cuántica. ¿Qué sentido puede tener hablar del vacío cuando las teorías excluyen el medio y el entorno, con su multiplicidad de "variables estocásticas"? Ya hemos visto que el vacío moderno es una suerte de socorrido cajón de sastre para quitarse de encima los problemas más inoportunos; pero ahora que su caracterización es un problema vital, resulta que *todas las líneas están cortadas*; las líneas de conexión "oportunas" para el problema están cortadas –y muchos dirán que definitivamente. Sin duda, gran parte del futuro de la física dependerá de cómo se interprete esta situación.

Y es por esta situación de líneas cortadas que parece insinuarse el final de un largo ciclo. Un gran número de físicos han aventurado que teorías como la de cuerdas podrían ocasionar una "revolución" tan importante como la que en su día supuso la mecánica cuántica o la relatividad; pero probablemente hay que ir mucho más hacia atrás en el tiempo si se quieren cosechar las posibilidades que brinda el momento actual. La historia de la física nos ofrece variados ejemplos de cómo una idea ya muy remota ha sido recuperada con éxito para problemas y teorías actuales. El ejemplo más citado suele ser la recuperación de Galileo por Einstein para su principio de equivalencia de la relatividad general; y parece ser que las observaciones de Galileo ya habían sido adelantadas más de mil años antes por el alejandrino Joannes Philoponus. Feynman ya apuntó que las ecuaciones electrodinámicas con potencial retardado de Gauss y Weber cubren "todos los fenómenos de la electricidad y el magnetismo... la fórmula del potencial retardado da la descripción completa y exacta del proceso de radiación; cubre incluso los efectos relativistas." 35 Ya se vio que los partones del mismo Feynman son una inopinada resurrección de la partícula material de Hertz. Pero sin necesidad de extendernos sobre el inevitable proceso de recuperaciones y adaptaciones, cabe distinguir entre las adaptaciones oportunas, o simplemente útiles, que son relativamente fáciles de hacer y no entrañan un cuestionamiento de la línea de investigación principal, y adaptaciones que sí implican serias revisiones y cuestionamientos. Esas últimas, desde luego, son mucho más raras.

¿Hasta dónde puede llegar el proceso de revisión en la presente tesitura? Quisiéramos creer que en este siglo la física comenzará a hablar con sentido del vacío, y que ya eso sólo comporta necesariamente cambios tan masivos como los que operaron en el siglo XVII. Dicho de otra forma, creemos que la comprensión del problema del vacío será directamente proporcional a la revisión que se haga de la historia de la física entera. Ya hemos esbozados los motivos de este juicio; aunque, por supuesto, los físicos podrían no encontrar el suficiente margen de maniobra, y en tal caso, tendrían que conformarse con seguir hacia delante variando lo menos posible la tónica actual. Pero aquí entran otro tipo de consideraciones que las del problema mismo, que no es otro que la caracterización del medio/entorno tan sistemáticamente excluido hasta ahora y desde el comienzo mismo –desde la postulación del principio de inercia.

De modo que si en algo pueden coincidir la más que modesta filosofía natural actual, empeñada en recuperar los cabos sueltos del pasado, y la física de altos vuelos embarcada en su propia guerra de armamentos matemáticos y experimentales, es en la problemática del vacío, tan abierta y tan fundamental a la vez. Pues hasta la física moderna admite la dependencia de todas las constantes fundamentales del vacío, y no al contrario; aun cuando se considere a todo el universo como "una burbuja de vacío local". A nosotros, lo reconocemos, nos parece mucho más probable que sea toda nuestra teoría, con sus trescientos o cuatrocientos años, la que se halle en una "burbuja de vacío local".

Entendemos por "filosofía natural" aquella disciplina, a caballo entre la filosofía y la física, que se ocupa de la naturaleza sólo en la medida en que ésta puede ser directamente comprensible e inteligible para el individuo. Esto, desde luego, tiene unos contornos tan indefinidos como los del propio conocimiento, así que sólo cabe hacer comparaciones. La más sofisticada física moderna también se supone que es inteligible para quienes la practican; aunque muchos de ellos alberguen cada vez más dudas al respecto. Está claro que tanto en un caso como en otro se busca la inteligibilidad, como también está claro que cuanto más avanza la física teórica, más indirecto ha de ser el conocimiento por los grados de abstracción interpuestos. Ya se ha hablado de la multiplicación de los conocimientos por un millón desde la época de Newton, y con este dato basta. Estos mismos grados obligan a suponer que todas las selecciones y destilaciones anteriores se hicieron bien y no dejaron nada importante detrás, o en cualquier caso sólo prescindieron de detalles de segundo o tercer orden. Si algún valor puede tener hoy la filosofía natural, y nosotros no dudamos de ello, sería justamente porque no necesita englobar todo lo anterior, ni asumirlo; y aun para problemas muy limitados se puede permitir tanto la libertad como la incertidumbre.

Se nos podría objetar que preocuparse en exclusiva por el conocimiento individual es una actitud egoísta, y que la ciencia es inexcusablemente una tarea colectiva. Sobre esto último no tenemos la menor duda; pero estaría demasiado ciego quien no advirtiera que incluso en los aspectos más incontrolablemente colectivos de la empresa científica hay un lugar especial, central y único, para aquello que el intelecto mediano es capaz de entender. Este es seguramente un tema de cualidad más que de cantidad; la cualidad de lo que entendemos determina en qué medida aceptamos o negamos todo lo que no entendemos. Para la filosofía natural un buen criterio de cualidad sería la medida en que se satisfacen simultáneamente las exigencias de las cuatro cuestiones mencionadas: en qué medida se satisfacen sin mezclarse desordenadamente, como tan generalmente ha ocurrido con la evolución de la física hasta la fecha. Sería entonces altamente ilustrativo ver hasta qué punto pueden satisfacerse estas exigencias, incluso en el más simple de los casos. Probablemente, la luz y el electromagnetismo clásicos son ya un campo demasiado amplio, aunque al menos está en un rango medio de problemas, que conducen además a la termodinámica, los comienzos de la mecánica cuántica, la teoría atómica y la química en general.

Para esta nuestra filosofía natural, la pureza con que respondamos al "qué" y al "porqué" de un problema determina su altura y su profundidad, no los miles de millones de años luz o las distancias ultracortas de la escala de Planck. Y el grado de pureza con que respondamos al "qué" y al "porqué" de un problema, por limitado que parezca, determinará también su universalidad; es decir, su trascendencia para otras esferas que no se han tenido en cuenta. El que hablemos de grados de pureza podría crear la impresión de que estamos hablando de una "ciencia ideal", o de "cómo la ciencia debería ser"; pero en lo que realmente estamos pensando es en lo que resultaría más práctico a la larga.

Aquí tropezamos con la famosa "navaja de Occam", y tal vez tampoco sea casualidad que esta expresión, debida al filósofo Hamilton, surgiera hacia 1850, en mitad del periodo del que tratamos. El principio de economía o parsimonia en las explicaciones es tan viejo como las demostraciones científicas y matemáticas, y hasta Aristóteles habla de que la naturaleza elige las vías más simples. Pero desde mitad del siglo XIX, con la emergencia conjunta del positivismo y el historicismo, empieza a tener connotaciones distintas para su aplicación. La "explicación más simple" se traduce en el camino más corto para reproducir unos determinados resultados, y a la vez en la menor desviación posible de las teorías anteriores de las que las nuevas explicaciones son codependientes. También las "grandes revoluciones" han seguido dócilmente esta línea de menor resistencia. Como contraste podríamos recordar el criterio de Leibniz: "un solo principio es suficiente para deducir todo de todo", que, haciéndolo descender al mundo de lo posible, se traduciría como "poder derivar el mayor número de efectos del principio más simple".

El criterio de Leibniz y la "navaja de Occam", tal como ha sido asumido por las ciencias, sólo parecen coincidir ante la consideración más superficial; en realidad han llegado a ser, no ya divergentes, sino diametralmente opuestos. Por lo poco que hemos visto, ni tan siquiera las ecuaciones de Maxwell hubieran pasado el criterio leibniziano: para aplicarlo, se tendría que haber hecho primero una confrontación a nivel elemental, del tipo de las que nos ofrece Eberle Spencer, aunque bastante más sistemática –antes de pasar a las precisiones decimales o la prolongación de la teoría en sus detalles microscópicos. De hecho, el método de postulación de nuevas entidades para ir encajando los casos ha generado la actual inflación ontológica de la física y sus patologías: las partículas viajando hacia atrás en el tiempo, la energía fantasma, los agujeros de gusano, y todo lo demás. El más claro exponente de esta inflación ontológica es la coexistencia de todos los mundos posibles o "universos paralelos" en la interpretación de la mecánica cuántica atribuida a Everett. Sin duda ésta no es una interpretación necesaria de los formalismos matemáticos, pero para muchos traduce de modo insuperable el nivel de"significado causal" de la teoría.

La incesante inflación ontológica de las teorías es una con la progresiva devaluación de su significado. De todos modos, existe el malentendido de que en la física actual hay una parte sobria y rigurosa, a la que competen las predicciones, y otra parte más tentativa o especulativa. Pero ya vemos que el ajuste predictivo de los casos conduce por sí mismo a la postulación de nuevas entidades o determinaciones, luego al nivel más básico se trata de un solo y mismo proceso en fases distintas de su evolución. Es el efecto a largo plazo de los criterios actuales para la selección de teorías: la némesis ontológica de la navaja de Occam. Que las entidades y la complejidad se multipliquen cuando también se multiplica el conocimiento no tiene nada de patológico; el problema es que si la acumulación de postulados arbitrarios no tiene enmienda, podemos decirle adiós a la búsqueda de la unidad.

Se diga lo que se quiera, todo esto tiene un efecto devastador sobre la fe científica, que después de todo es la fe en un objeto claro de estudio y en la posibilidad de hacer preguntas simples. La ciencia hoy ha perdido la capacidad de hacer preguntas simples, no tiene lugar donde hacerlas, y, para colmo, el investigador joven no tiene dónde mirar porque la teoría ya dice dónde no hay que mirar. Así, la única forma concebible de avanzar ha de ser la introducción de nuevas ideas "revolucionarias" allí donde no se encuentra más resistencia que la del cálculo, lo que ya entraña una dificultad más que suficiente en contextos cada vez más complicados. Pero todo esto, amén de previsible, tiene cada vez menos utilidad; se diría que la línea de investigación que cuenta con más de tres siglos ya ha exprimido a fondo los casos simples, las áreas cosechables y la credibilidad de las revoluciones. Del mismo modo que ha ocurrido con otras modalidades de confianza y de creencia, pronto podríamos encontrarnos diciendo que también los periodos de fe científica son, después de todo, épocas afortunadas.

A pesar de todo, siempre persistirá la intolerable convicción de que apenas hemos arañado en la superficie de los fenómenos. Puesto que ni el avance en la precisión cuantitativa, ni las teorías abarcadoras que obvian todo lo dejado atrás no van a eliminar jamás esa convicción, parece bastante sensato ver hasta qué punto se pueden lograr leyes iluminadoras en un nivel mucho más básico. Semejante empeño, amparado en la modestia, podría con todo rendir lecciones mucho más fundamentales a otro nivel. Lecciones de método, por ejemplo, puesto que los físicos son los primeros en decir que no hay método alguno en el descubrimiento y que se aplica casi cualquier cosa con tal de que pueda "funcionar".

De nuevo, puede argumentarse que no hay forma sistemática de cerrar el círculo de un campo confrontando todas las teorías posibles. Nosotros creemos que basta con considerar hasta qué punto se cumplen los dos extremos del programa científico original, tal como maduró en el siglo XVII: caracterizar los fenómenos y explicar las causas, y ambas cosas con la mayor nitidez posible. Esto es básico hasta el extremo, y sin embargo el método científico se las ha ido arreglando para avanzar sin pasar esta mínima prueba, mezclando la miel, la leche, el vino y el agua. Basta con atender lo suficiente a estos dos extremos para mantener la alineación y derechura de este cuerpo: tres o más son demasiados, y el proceso de comprobación se haría innecesariamente lento y poco ágil. Naturalmente, el contraste entre estos dos extremos y su posible unión pasa por el tribunal de los hechos, y de las preguntas y cualificaciones más simples posibles; en verdad, entraña reformular por completo el campo de esas cuestiones fácticas del eje horizontal.

Si volvemos sobre la confrontación de las tres ecuaciones electrodinámicas en tres experimentos de Eberle Spencer, puede aducirse que algunos de los dispositivos no estaban disponibles en la época de Maxwell. Nuestra intención, evidentemente, no es tratar de reproducir cómo podría haber sido la física del siglo XIX, y damos por hecho el beneficio de la distancia y otras muchas ventajas. Y sin embargo, no se dirá que estos dispositivos se han creado gracias a la electrodinámica de Maxwell, puesto que según sus ecuaciones su funcionamiento sería simplemente imposible. Sin duda, en la estrategia de mezclar miel, agua, leche y vino, los teóricos no se han cansado de decir que debemos toda la tecnología actual a todas estas prodigiosas ecuaciones, lo que suele ser más falso que cierto en la mitad o más de los casos. Casos célebres, entre un enorme número, han sido la propia aviación, o, más recientemente, el láser, del que Bohr y Von Neumann dijeron que era imposible porque violaba el principio de incertidumbre. Por el contrario, muchas de las posibilidades de lo que ahora se consideran puntas de lanza para la tecnología aplicada, en la nanotecnología o la computación cuántica, y que se basan en lo que deja abierto la teoría, podrían revelarse inviables si no resulta posible aislar los átomos, ya no ideales sino reales y operantes, del fondo de ruido aleatorio; algo bien probable, por lo demás. Está claro que finalmente será la tecnología la que tenga la última palabra sobre hasta qué punto puede hablarse de causas y mecanicismo en el mundo microscópico; y dado el incontenible aluvión de inopinados hallazgos en estas áreas no debe descartarse una lenta revolución silenciosa en la forma de apreciar estos problemas.

Ya todo el mundo ha reconocido la enorme distancia que hay entre hacer predicciones y describir causas; sin embargo, una cierta visión neopositivista, que no ciertamente pragmática, nos dice que es de las predicciones de donde se deriva toda la utilidad, mientras que la búsqueda de causas no ocasiona más que debates inútiles. Esto sería el más grueso error si no fuera simple justificación o propaganda. Vico ya observó que no entendemos sino lo que hacemos, y esto es igualmente válido incluso para las matemáticas. En la ingeniería y la tecnología, es simplemente evidente, y los ingenieros no dejan de quejarse de la complejidad e inaplicabilidad de muchos cálculos, por más que no tengan otro remedio que trabajar con los estándares que tienen a su disposición. Y, aunque muchos de estos ingenieros han logrado esporádicas y asistemáticas aplicaciones que eran imposibles para la teoría, ya se han encargado los teóricos de añadir los indispensables epiciclos para poder luego afirmar que la teoría lo predice. Sin embargo, esta tendencia, celebrada como alta tecnología, conduce en realidad a crear un cuello de botella en todo el proceso tecnológico, y una curva de rendimientos decrecientes para un número cada vez mayor de aplicaciones.

No se deberían descuidar estos aspectos, aunque no esté aquí nuestro principal interés. El interés en la búsqueda proporcionada de la causalidad es en primer lugar teórico, por más subjetivas y frágiles que nuestras nociones de la causalidad sean. La distancia entre predicción y reproducción es enorme, y aun para la tecnología no es en absoluto conveniente que la reproducción dependa crecientemente de la predicción. Infinidad de cosas reproducibles no son predecibles, e infinidad de cosas predecibles no son reproducibles. Podemos predecir con enorme facilidad la salida del Sol mañana por la mañana, pero no podemos producirla. Podemos reproducir mezclas de colores o síntesis químicas que ninguna teoría puede predecir, aunque puede "explicar" o "predecir" a posteriori; lo mismo puede decirse de un sencillo dibujo ejecutado en muy pocos pasos, o tantas actividades ordinarias, que desbordarían la capacidad algorítimica y de análisis de cualquier ordenador.

Así pues, la noción de causalidad, más que vaga o lábil, es irreductiblemente subjetiva, pero así y todo juega un papel fundamental en la concepción de teorías y en la búsqueda de la verdad. Y la causalidad como lo reproducible nos lleva a la siempre cambiante relación entre análisis y síntesis, o resolución y composición, siendo ambos procesos imprescindibles en las ciencias.

Podemos volver a la electrodinámica y contemplar dos reconstrucciones recientes. La Electrodinámica Estocástica impulsada por Marshall, Boyer y otros se ha propuesto derivar la mecánica cuántica de las ecuaciones clásicas de Maxwell, con una energía del vacío como radiación electromagnética con un espectro independiente de la temperatura. La Electrodinámica Colectiva promovida por Carver Mead, por el contrario, se ha propuesto prescindir de las ecuaciones del electromagnetismo derivándolas de las funciones de onda del comportamiento colectivo de los electrones; es decir, ha deducido el nivel clásico del comportamiento cuántico.

Es la intención declarada de la Electrodinámica Estocástica describir los rompecabezas cuánticos en términos de causalidad y localidad; estamos pues ante una variante de la mecánica causal. Esta teoría tuvo algunas exitosas "predicciones" retrospectivas, como derivar la distribución de Planck, el modelo de átomo de Bohr o el vacío de Casimir sin postular la cuantización de los niveles de energía. Aquí la asunción básica es la interacción de las partículas con el vacío concebido como un campo clásico residual, producto a su vez de las partículas. El electrón acelerado de este modelo atómico *sí* emite continuamente radiación electromagnética, como cabría esperar de la teoría de Maxwell, pero también absorbe una cantidad igual de energía del vacío –se asume un equilibrio dinámico causado por interacción. En el modelo de Bohr, como se sabe, la razón de que el electrón no irradie es que así lo decreta la teoría. En esta línea, se ha querido extender este hipotético mecanismo para explicar fenómenos como el espín del electrón, la masa inercial, e incluso la segunda ley de Newton. Con una honestidad que le honra, Marshall ha considerado la tentativa en su conjunto como un fracaso, sin por ello renunciar a su programa. Según el propio Marshall, uno de los mayores obstáculos habría sido trabajar con un electrón puntual en lugar de con una estructura extendida. En todo caso, para Marshall y otros investigadores de este enfoque, los campos clásicos de Maxwell en su extensión relativista serían suficientes para satisfacer la descripción realista y local de los procesos microscópicos, con partículas absorbiendo y emitiendo energía efectiva.

Siendo atractiva la idea básica, uno podría preguntarse todavía si las ecuaciones de Maxwell son el mejor punto de partida. Bohr, como anteriormente Haas, asumía que el electrón debería radiar tan sólo porque miraba a Maxwell; el tópico se repite en prácticamente toda la literatura. Pero si se toma la ecuación de Weber, con una segunda derivada de la distancia entre electrón y protón, la radiación es igual a cero, y obtenemos directamente el electrón que se mueve, sin cambios de energía, en una superficie equipotencial. La electrodinámica estocástica se ha esforzado sin éxito en derivar la función de onda de Schrödinger de sus principios, y esto obliga a pensar que jamás podrá ser una alternativa a los actuales formalismos de la mecánica cuántica. Pero es que la función estacionaria es una mezcla de tres ecuaciones heterogéneas, relativas a la longitud de las ondas de De Broglie, a la conservación de la energía en el hamiltoniano, y a la oscilación de la luz en un medio continuo, como el éter que correspondería a las ecuaciones de Maxwell. No hay forma posible de concebir su sentido físico, y antes de intentar reproducirla, habría que buscar lo que se ha perdido por el camino. Noskov, desde supuestos de mecánica causal gaussianos, querría derivar de la condición de resonancia entre las oscilaciones cíclicas y longitudinales el cuanto de acción de Planck, otra ecuación de onda y las relaciones de indeterminación de Heisenberg. Aunque sus inferencias a este respecto son demasiado generales, la línea argumental de fondo parece robusta y digna de mayor atención. [36]

La Electrodinámica Colectiva de Mead es abiertamente relacional, y está en armonía con la interpretación transaccional de la mecánica cuántica de Cramer y otras descripciones que enfatizan el aspecto ondulatorio sobre el de las partículas. Claro que las ondas de Mead son completamente abstractas, cooperaciones discretas con frecuencia y longitud de onda en una evolución de causa a causa, en lugar de causa a efecto. Como antes sucedía con Weber o Ritz, ni siquiera se plantea el problema de un medio para la transmisión de estas ondas. Los campos de Maxwell aparecen así como un fenómeno emergente derivado de los grados de coherencia cuántica –un fenómeno cuántico macroscópico. La diferencia entre un superconductor y un conductor ordinario es que el último se produce la interferencia de muchas ondas con diferentes frecuencias y fases. La descripción de Mead, como cualquier descripción de tipo relacional, es fenomenológica y emergente por naturaleza. [37]

No son pocas las lecciones que pueden extraerse de un enfoque tan directo como éste. Existe una innegable simplificación de muchos problemas, revelándose como iguales cantidades que antes parecían diferentes. El viejo principio de correspondencia entre macro y microprocesos queda ampliamente desplazado, y los formalismos y estadísticas de la interpretación de Copenhague se hacen en general innecesarios; se trabaja directamente con ondas. Desde Copenhague se sigue la división entre objetos macroscópicos y microscópicos; para Mead, la diferencia está entre las ondas incoherentes y fuera de fase de los objetos que ocupan a la física clásica y las ondas coherentes y en fase de la mecánica cuántica. El mismo principio de incertidumbre se seguiría de la tendencia natural de las ondas para expandirse cuando no están confinadas. Mead se declara seguidor del programa de Mach, quien ya había apuntado que la mecánica clásica y la noción de fuerza no eran los mejores puntos de partida; Mach también había especulado con que tal vez algún día las leyes integrales desplazarían a las leyes diferenciales, y es en esa línea en la que se desenvuelve el trabajo de Mead.

Mead y Marshall, aun partiendo de concepciones opuestas, coinciden en primar el aspecto ondulatorio de la materia. Uno de los rasgos curiosos de la mecánica cuántica estándar, o más bien de la interpretación de Copenhague, es que aun aceptando la dualidad onda-partícula desvelada por de Broglie todo termina interpretándose en términos de partículas puntuales. Esto no ha dejado de tener enormes consecuencias en nuestra forma de ver la química y la biología, por ejemplo. Los experimentos de difracción que evidencian un carácter ondulatorio no sólo han sido realizados con electrones, también con neutrones, núcleos, átomos y moléculas. La selección de las partículas sobre las ondas se ha debido siempre, en su mayor parte, a un criterio de elegancia formal, que coincide con la simplificación de muchos cálculos. En contrapartida, las elegantes teorías basadas en la máxima idealización, desde Newton a la mecánica cuántica, han estado desde el principio dramáticamente limitadas para problemas con muchos grados de libertad. Por añadidura, en el siglo XX los aspectos ondulatorios no han dejado de tratarse con la mayor suspicacia debido al rechazo de la idea de un medio que les dé soporte; pero Mead y otros demuestran la eficiencia del enfoque ondulatorio para interacciones colectivas sin preocuparse en absoluto de este extremo.

Todo esto es digno de atención, pues lo cierto es que seguimos concibiendo y tratando los sutilísimos problemas planteados por la bioquímica y la biología en los términos escolares de átomos de cartón piedra sujetados por alambres. Un gran número de problemas complejos, en la ciencia de materiales y en la tecnología en general, puede beneficiarse del tratamiento colectivo de la dinámica ondulatoria. Mead deriva –y corrige- las ecuaciones de Maxwell de una mecánica cuántica no estándar; y a uno se le ocurre que hubiera podido derivar igualmente las ecuaciones de Gauss, Weber o incluso las de Ritz. El formalismo estándar de la mecánica cuántica interpone una cortina de niebla sobre fenómenos que más tarde parecen exóticos por naturaleza, aunque el exotismo empieza por su definición. En cualquier caso, Mead ha demostrado que desde los aspectos colectivos de la mecánica cuántica se puede tender otro tipo de puente a los procesos macroscópicos clásicos; y sería interesante buscar hasta qué punto su enfoque soporta la inmersión en la causalidad.

X

El trabajo de Mead conduce naturalmente a preguntas sobre cómo se corresponden entre sí fenómenos, causalidad y emergencia. Si el concepto de lo emergente es tan amplio, sería justamente por estar a mitad de camino entre la idea de causalidad y la de fenómeno. Emergente es lo resultante; por tanto, desde el punto de vista de la noción de equilibrio dinámico o suma cero de fuerzas en cualquier estado, emergente es el propio movimiento, como lo es la inercia o cualquier ley o fuerza asociada a él. Para la mecánica desde Newton hasta hoy, no hay otra causa que las fuerzas, leyes diferenciales, que se proyectarían sobre la pantalla de la inercia. La inercia es la materia sin fuerza, y viceversa; y como para explicar las fuerzas internas de la materia tenemos que seguir apelando a fuerzas, y asumir la inercia sin dar cuenta de ella, este tipo de razonamientos podría prolongarse indefinidamente.

Desde Sakharov, ha habido un buen número de teorías que han considerado la gravedad como una característica residual o emergente; Sakharov partía de una aproximación media de campo resultante de los grados de libertad microscópicos en un contexto de física de estado condensado. La gravedad emergería de fuerzas del vacío ante grandes agregados de materia, una suerte de fuerza de Casimir de largo alcance. En otro contexto, Irving Segal, padre de la teoría cronométrica, generaba la gravedad por inversión conforme de la suma de fuerzas microscópicas. Un teorema debido a Weinberg y Witten nos informa de que las teorías emergentes no pueden funcionar porque violan la covariancia de Lorentz, pero, sinceramente, no vemos qué sentido tiene pedirle al universo que observe tal constricción cuando ni siquiera la observan elementales aparatos eléctricos humanos. En exigencias formales como esta se evidencia el abismo abierto entre las especulaciones teóricas y el lado olvidado de los experimentos. [38, 39, 40]

El problema de unir causalidad y fenómeno es el problema de unir estructura y función. La separación entre función y estructura es notoria en la mecánica cuántica. Se esperaba que ésta diera respuesta a las preguntas sobre la estructura de la materia, pero en realidad se ha dedicado casi en exclusiva al aspecto funcional, conformándose con postular partículas puntuales o modelos lineales de ondas. La coincidencia de estructura y función parecería deseable desde cualquier punto de vista, pero cuando lo pensamos un poco, nos damos cuenta de que tal unión es imposible e indeseable cuando todo en los modelos está subordinado a las predicciones; pues en la postulación y determinación del esquema dinámico ya se han eliminado todos los rasgos que podrían resultar inconvenientes. Los modelos dinámicos están ya completamente reducidos.

Es tan absoluto el ascendiente que las predicciones han tenido para la dinámica, que estamos obligados a buscar alguna suerte de contraste para tener una cierta perspectiva sobre el tema. Pues en realidad no es que la dinámica produzca o reproduzca predicciones, sino más bien ha sido el orbe de lo predecible el que ha producido a la dinámica. Cauchy planteó el problema de cuál es el estado final de un sistema dadas sus condiciones iniciales; habría entonces que preguntarse, tal como en 1976 hizo R. M. Kiehn, de qué estado inicial han venido las condiciones finales. Kiehn denominó a este enfoque "determinismo retrodictivo", y propuso el empleo de las formas diferenciales exteriores de Cartan para el estudio de sistemas *disipativos*. En sistemas disipativos que no admiten métricas globales ni recíprocas se ponen de manifiesto las diferencias entre el lagrangiano (contravariante-partícula) y el hamiltoniano (covariante-onda). "En el caso disipativo, deben existir dos clases de leyes físicas: uno para las ideas covariantes, y otro para las contravariantes".[41] Y como principal ejemplo de tal comportamiento dual, Kiehn da el grupo de ecuaciones de Maxwell: el primer par concierne a las intensidades covariantes, mientras que el segundo par a las densidades contravariantes. Pero en un espacio disipativo sin un campo métrico ni su recíproco, unas y otras ecuaciones no se implican unívocamente.

El credo científico clásico se basa en la unicidad de la solución o predicción; y está claro que hacia esto se han dirigido casi todos los esfuerzos. El determinismo predictivo sólo existe para casos muy especiales, que para empezar deben excluir todos los aspectos dispativos. Es por esto que, en el reparto de la física moderna, la termodinámica está "producida" por una dinámica que sin embargo no tiene nada que ver con ella. Y es por esto que existe una completa separación entre las leyes reversibles en el tiempo de la dinámica y la flecha irreversible del tiempo para el resto de los procesos. Kiehn intenta mostrar que se pueden investigar retrodictivamente muchos procesos irreversibles, no con empleo de estadísticas, sino por formas diferenciales y argumentos topológicos.

Las ecuaciones de Maxwell adquieren un aspecto muy distinto cuando eliminamos todas las constricciones habituales para los sistemas dinámicos –termodinámica de equilibrio, métrica, conexiones, o relaciones constitutivas. Entonces se manifiestan discontinuidades en las derivadas, soluciones con muchos valores, y otras muchas inconveniencias para el cálculo o predicción. Los múltiples valores del potencial y las excitaciones del campo conducen a defectos topológicos que abarcan los eventos en los que fallan la diferenciabilidad, integrabilidad, unicidad y compacidad. Estos defectos topológicos pueden ser a menudo similares a muchas de las estructuras coherentes de tipo cuántico, sin los formalismos de la versión de Copenhague. Dichas estructuras topológicas coherentes, como ya ocurría en la electrodinámica colectiva de Mead, tampoco están confinadas al dominio microscópico, y podrían encontrarse incluso a escala cosmológica. En todo caso se establece una nueva conexión entre el electromagnetismo y los sistemas termodinámicos fuera de equilibrio. [42]

La indicación de Kiehn de la posibilidad de un determinismo retrodictivo como otra vía para el conocimiento de la naturaleza no ha encontrado todavía eco. En esto ha tenido buena parte lo extremadamente general de sus argumentos, pero todavía más la inveterada mentalidad de que sólo las predicciones nos pueden llevar a alguna parte. Entre tanto han surgido nuevas herramientas en la topología, la geometría diferencial y el cálculo, como el estudio del flujo de Ricci, un análogo de la difusión térmica, o el cálculo fraccional, que nos permiten un estudio generalizado de las irregularidades métricas y flujos temporales inhomogéneos en procesos de difusión con memoria a largo plazo, o la teoría geométrica de ecuaciones diferenciales parciales desarrollada por Gromov; pero cuando se piensa en las posibles aplicaciones de toda esta nueva matemática, apenas se concibe otra cosa que seguir ensanchando el dominio del orbe predictivo. Sorprende, cuando las mismas técnicas revelan el agotamiento del poder de predicción en su contorno habitual de restricciones.

Desde Newton se observa claramente la separación forzosa entre la dinámica y las cuestiones, relegadas a la contingencia histórica, de la formación y estructura del sistema solar; de estructura y función, en suma. Nuestra visión retrospectiva, ante el éxito de la dinámica, es que no podemos encontrar causas necesarias en el pasado, sino sólo causas posibles; y que su número podría ser indefinidamente mayor que el de los efectos o fenómenos observables. Sea o no correcta, esta percepción está innegablemente condicionada por los éxitos históricos, que podrían ser igualmente contingentes. De hecho, podemos estar seguros de que el orbe de lo predecible era igualmente indefinido e incierto en tiempos de Galileo y Kepler, y que sólo a lo largo del tiempo se ha ido generando la confianza en los métodos de predicción, independientemente de lo ajustados o arbitrarios que puedan ser sus procedimientos.

Por otro lado, las ideas sobre el llamado "caos determinista" que cristalizaron en algunos resultados en la misma época del artículo de Kiehn son un producto específico de la dinámica conservativa clásica: la solución matemática de sistemas de ecuaciones, a menudo extremadamente simples. Se han querido superponer estos resultados matemáticos con todo tipo de sistemas complejos, desde el clima a la biología, pasando por las finanzas; y aunque a menudo resulten semejanzas deslumbrantes, es evidente que todos los procesos del mundo real son disipativos y están en un entorno abierto. El caos determinista se sigue exclusivamente de la divergencia exponencial de las trayectorias clásicas a lo largo del tiempo, con una alta sensibilidad a las condiciones iniciales, en sistemas conservativos. La relación que pueda haber entre unos sistemas y otros, y entre ambos y lo que se entiende por física fundamental, sigue siendo un completo enigma.

Puede resultar entonces sorprendente que se desatara semejante búsqueda en las llamadas ciencias de la complejidad partiendo de una base física tan débil, por no decir inexistente. Pero la complejidad existe, sin duda, y su asociación con el prestigio de la palabra "dinámica" tuvo el efecto de hacer más atractiva la superposición de planos. Es decir, heredamos por inercia la impresión inmediata de que al tratarse de un tipo de dinámica, su conexión con la realidad física estaba ya garantizada. Lo contrario debería ser más cierto. Estos sistemas dinámicos reducidos y cerrados ignoran la redundancia más básica de los sistemas reales, el calor o disipación, que la física ha relegado al dominio externo de los subproductos. Habría que empezar por poder contar con esta redundancia a un nivel igualmente básico, que no puede ser el de la física fundamental: habría que caracterizar esta redundancia tras eliminar las eliminaciones o constricciones que han constituido a la dinámica.

Con todo, el atractivo de las teorías de la complejidad abarcadoras de un número indefinido de fenómenos no deja de crecer con el tiempo. En el aspecto puramente externo de la investigación, la complejidad creciente de los problemas en todos los ámbitos genera una apremiante demanda. En el aspecto más interno, y de forma un tanto inopinada, está el creciente escepticismo de muchos ante la posibilidad de encontrar causas y aun leyes fundamentales a ningún nivel: es esto lo que ha disparado la popularidad del concepto de emergencia y de los sistemas emergentes. Aquí suele llegar la inevitable objeción de que para hablar de sistemas emergentes, hay que empezar por saber de dónde eso emerge, y qué clase de restricciones impone el sustrato a la emergencia. Intentando eludir este problema, se han propuesto todo tipo de mágicos mecanismos abstractos y algorítmicos derivados de las ciencias de la información y los ordenadores; pero no hay que decir que tales maniobras continúan sin base real e intentan saltar por encima del difícil juego de determinaciones y codeterminaciones que definen a las ciencias experimentales.

Nunca se termina de percibir que la física "fundamental" y la dinámica no admiten explicaciones causales porque ya han eliminado en la definición las causas que podrían dar cuenta de las funciones que define. Es decir, cualquier teoría o "mecánica causal" que intente explicar sin más la evolución unitaria de la dinámica está condenada al fracaso. Habría que contar con todo lo excluido, y no aceptarlo en los términos secundarios que la dinámica prescribe para todo lo que no entra en su marco, como es el caso de la redundancia de soluciones, o el calor, al que se denomina "disipación". Y es que toda esta "inútil" redundancia podría ser la base, no sólo de lo que ahora llamamos física fundamental, sino también de la complejidad que ahora comenzamos a observar a todos los niveles.

Suponemos que esta "sospecha" se va a ir acentuando a merced de los masivos aluviones de datos en su favor: probablemente, lo único que nos impide verlo ahora mismo es nuestra forma de aferrarnos a los viejos métodos y a su "régimen de certidumbre" ya suficientemente cuestionado. La batalla entre nuestras simplificaciones y el mundo real está ganada de antemano. Pero el ascenso de esta sospecha, naturalmente, no basta para saltarse el delicado juego de determinaciones del conocimiento científico. Es en este sentido que hemos hablado de la oportunidad de abordar el "determinismo retrodictivo" si queremos contrapesar la balanza, y encontrar vínculos de unión entre la física conservativa y la disipativa, y entre predicción, descripción y retrodicción. Por sí solo, el determinismo predictivo tiene tanta perspectiva como el Ojo de un Cíclope. En la medida en que desarrollemos el determinismo retrodictivo, tal vez seamos capaces de ver las cosas con dos ojos, y quizá entonces, si algo parecido existe, tendríamos alguna oportunidad de abrir el ojo central de la sabiduría.

Ignoramos por completo en qué grado la retrodicción sea viable; pero no faltan los contextos experimentales para someterla a prueba. Además de los sistemas disipativos y la hidrodinámica, Kiehn propuso los campos de tensores y el electromagnetismo, y esto al menos ya es una inmejorable conexión con la dinámica tal como la conocemos. Otra cosa es si los argumentos topológicos son los más adecuados. Pero la física, al menos en la acepción reconocida, no tiene por qué ser el objetivo último del orbe retrodictivo, sino sólo un buen punto de partida entre otros para contrastar las determinaciones más básicas. Incluso todo el arsenal de la estadística con sus ramas asociadas puede adquirir un tono enteramente distinto si aprendemos a hacerle preguntas al pasado de los sistemas abiertos.

Se supone que las causas preceden en el tiempo a los efectos; pero en la dinámica variacional no hay forma alguna de distinguirlos. Se apela entonces a la cosmología, pero la idea vigente de los orígenes cosmológicos y la explosión primordial, no hay que decirlo, "vienen del futuro" de nuestras predicciones, condicionadas o inducidas por los presupuestos de la física fundamental. Lo que hemos denominado como mecánica causal siempre osciló entre el espíritu de la geometría y la laxitud de la estadística. Ambos no se excluyen, a pesar de ser aparentemente tan distintos. El espíritu geométrico predominó en Descartes, Riemann, y muchos otros; y aun hoy existe gente que cree que sólo es legítimo hablar de causalidad si somos capaces de tener una representación geométrica fiel de las estructuras. La vertiente estadística se insinuaba ya en las teorías "cinéticas"de la gravedad al estilo de Le Sage, que se revitalizaron con la llegada de la termodinámica y la mecánica estadística. Ya en el siglo XIX la luz y el electromagnetismo clásicos evidenciaban rasgos refractarios a cualquier geometría, y ha sido sobre todo en el XX que los aspectos estadísticos han entrado con pleno derecho y aun como elemento irreductible para los intentos de representación causal. Finalmente, incluso la geometría estocástica ha venido a la existencia. Podría pensarse que esto es una concesión ante el triunfo de la mecánica cuántica, pero en muchos aspectos no pasa ni siquiera por ella. O al menos, no pasa necesariamente por la versión de Copenhague.

Probablemente nadie ha hecho tanto por la entrada de los aspectos no geométricos y no-lineales en el rango de lo que entendemos por causalidad física como Louis de Broglie. Tampoco contribuyó nadie tanto a la cristalización de la mecánica cuántica, como la propia cronología demuestra; sólo que la "interpretación" de Copenhague se quedó con la ecuación de De Broglie y dejó irse por el desagüe todo lo demás, incluyendo cualquier posibilidad de realismo. De la irreductible onda-partícula se pasa a todo tipo de operadores, acciones y vectores de estado, que no hacen sino mimetizar, con el máximo grado posible de abstracción, lo que parecía una genuina circunstancia dinámica –de una dinámica que por una vez se salía de los esquematismos y simplificaciones habituales. Estos formalismos ocultan el carácter altamente no-lineal de la función de onda para quedarse con la parte lineal. De Broglie propuso la teoría de la onda-piloto, en realidad un potencial que guía a las partículas o impulsos hacia zonas de interferencia constructiva por la eliminación de las interferencias destructivas. Ya se vio que las partículas de De Broglie encajan perfectamente en la definición de Hertz de la partícula material, y su onda en su definición del punto material. La hipótesis de De Broglie, con elaboraciones posteriores en los años cincuenta, es una interpretación causal, intrínsecamente no-lineal, y basada en el argumento de la *doble solución*, esto es, de una redundancia intrínseca. [43]

De la mano de Bohm, se ha prestado más atención a la teoría de la onda piloto que a esta posterior sugerencia, menos reductiva, de la doble solución. De Broglie apeló también a la termodinámica de la partícula aislada; su interpretación, que asume variables ocultas, comporta necesariamente conexiones no-locales. Esto es lo máximo que, dejando a un lado objeciones como las de Marshall, puede demostrar el teorema de Bell. Los argumentos de Pauli y von Neumann sobre la imposibilidad de las variables ocultas demostraron ser erróneos, y la teoría propuesta por de Broglie es básicamente consistente con toda la masa de incuestionables resultados de la mecánica cuántica. Su programa de búsqueda del realismo causal, incompleto y perfectamente opinable, apunta a una conexión de problemas más amplia que la de la mayoría de los enfoques actuales. Noskov aduce que la ley de De Broglie se hubiera podido derivar mejor de la ley de potencial retardado de Gauss y Weber utilizando la velocidad de fase en vez de la lineal. De este modo, las partículas se mueven con una oscilación o pulso longitudinal añadido, que bastaría para explicar la dualidad en términos completamente clásicos: "La longitud de esta oscilación en el cuerpo en movimiento es directamente proporcional a la velocidad de fase e inversamente proporcional a la distancia entre los cuerpos que interactúan y la fuerza de interacción".[44] Los pulsos longitudinales, no uniformes, derivados de la ley del potencial retardado de Gauss tal vez puedan acercarnos a la descripción como proceso de un gran número de fenómenos micro y macroscópicos.

No tiene sentido hablar de causas si no puede haber una distinción sustantiva entre un antes y un después en el orden de sucesión; y esto, en la dinámica, es siempre accidental -tan accidental como nos dice la palabra "evento". Así pues, la localización que se superpone a la idea de causalidad ha de ser temporal tanto como espacial, y vemos como la dinámica se ha construido evitando sistemáticamente alguno de estos factores, en los postulados, las formulaciones, o la selección de los experimentos juzgados como pertinentes; y recombinándolos en conceptos y correlaciones de medida formalmente heterogéneos. Por otro lado, si se realizaran experimentos sistemáticos según el orden de sucesión, emergerían distinciones ulteriores, que tal vez fueran para la localización temporal análogas a las que Hertz propuso para la localización espacial –por las connotaciones estadísticas que comparten el concepto de frecuencia y el de punto material, tácitamente combinados en la onda-corpúsculo de De Broglie-, u otras que ahora es imposible anticipar. El eje de la mecánica relacional y causal define, además de la tensión entre lo global y lo local, también una tensión entre los elementos espaciales y temporales; por más que estos últimos también sean elementos compuestos, resultantes de otras consideraciones.

En general, nada desvirtúa tanto al programa de una física causal como empezar por reproducir, sin un mínimo de prevención, los resultados y predicciones de la física estándar. Pues esto no tiene por qué ser lo fundamental, y más bien es, por el contrario, una reproducción de un comportamiento cerrado y extraído de un contexto más amplio; la predicción es postdicción generalizada. Sería necesario tomar contacto con este contexto, y no sólo a nivel teórico, sino también y muy especialmente en el nivel experimental. La gama de experimentos y datos para sondear las posibilidades del determinismo retrodictivo tendría que ser casi ilimitada, si es factible un acercamiento gradual y ordenado.

Además, parece imposible que las ciencias de la complejidad puedan avanzar más allá de lo que avance la retrodicción: por la simple razón de que las predicciones para el futuro de un sistema complejo no pueden ir más allá de nuestra comprensión del pasado del sistema. Justamente aquí se revela el contraste con la dinámica. Ya esto sólo hace que el tema merezca un estudio detenido, puesto que hasta el día de hoy el "poder predictivo" de estas ciencias no han avanzado ni un milímetro con relación a lo que las variadas ramas de la estadística rinden por sí solas. Y en realidad, se habla de ciencias de la complejidad en la medida en que no hay predicciones posibles; luego, salvo por mimetismo, no se ve qué sentido pueda tener insistir en mantener la misma dirección; por más que a menudo se afirme, incluso en disciplinas tan claramente históricas como la teoría de la evolución, que ha quedado demostrada su "eficacia predictiva". Difícilmente puede llevarse más lejos la confusión de órdenes, aunque nada de esto sea casual. Por el contrario, cualquiera puede ver que las ciencias de la complejidad son, en principio, descriptivas; y es en este sentido que han surtido un efecto más que saludable. Han mostrado exhaustivamente que los casos y cosas predecibles son la excepción y no la regla; y aunque nada nos digan sobre la física fundamental, han arrojado toda suerte de dudas indirectas sobre lo "fundamental" que ésta pueda ser.

El determinismo retrodictivo, o la retrodicción en general, debería estar en condiciones de hacer preguntas simples en condiciones experimentales; y sólo así podría verse hasta dónde puede llegar en sus respuestas. Y en cuanto a la aplicación de este determinismo a la inversa para la física fundamental, como en el ejemplo del "electromagnetismo en abierto" propuesto por Kiehn, parece evidente que no podemos pretender la misma resolución hacia el pasado que con la electrodinámica ordinaria hacia el futuro. Lo que aquí hay por ganar, es, justamente, saber de dónde vienen lo que ahora consideramos como leyes fundamentales. Una vez más, lo normal sería encontrar las cosas allí donde se dejaron.

Se objetará de nuevo que la única manera de hacer física es mediante las simplificaciones de la dinámica. Nosotros no sabemos de una única manera para hacer nada, y menos para algo tan amplio como el estudio de la naturaleza. Mirar en una sola dirección no parece la mejor estrategia, cuando se sabe con certeza que esto conlleva una contrapartida de huecos y lagunas que crecen tanto como el conocimiento positivo, sin posibilidades de concurrencia reales. Un ejemplo de un "ruido de fondo" aleatorio que luego ha resultado primordial para la cosmología es la propia radiación cósmica de microondas. Su descubrimiento fue además completamente fortuito, no producto de un determinado interés. La cosmología se aferra ahora a ella como a su más preciosa fuente de datos observables. También vimos que las únicas predicciones ajustadas para este efecto vinieron de la estimación termodinámica clásica en modelos de equilibrio dinámico, no de los promotores del universo en explosión. Sin duda hay muchas otras claves de este tipo que ahora no podemos ver porque las consideramos puro ruido, pura redundancia; la única manera de descubrirlas es "mirando hacia atrás" con preguntas tan sistemáticamente "desinteresadas" como sea posible. Pues si es posible aunar el estudio sistemático y el desinterés, tendrá que ser relegando a un segundo plano el espíritu de predicción, ponerlo entre paréntesis al menos.

La búsqueda de causas en cosmología queda neutralizada si, sobre el fondo de un universo externo, no perturbable y no controlable por nosotros, se impone toda la teoría de la dinámica basada en la eliminación de los factores incontrolables. Habría que empezar por aquí abajo la búsqueda ordenada de lo no perturbado y lo no controlado o recortado por nuestros axiomas. Pero todavía se cree que esto es sólo el resto o residuo; cuando lo más probable, por el contrario, es que todas nuestras leyes no sean sino la espuma del mar que tan sistemáticamente hemos ignorado. El problema del medio es que está... en medio de nosotros. El concepto de campo se caracteriza por su omnipresencia, permanencia y universalidad. Mazilu analiza la pertinencia del teorema de Stoka para medir las perturbaciones de un oscilador armónico en el campo gravitatorio y construir a través de la teoría de medida las relaciones entre éste y el campo electromagnético. Medidas y experimentos sutiles reclaman naturalmente matemáticas sutiles, y necesitaremos enfoques de este tipo si aspiramos a salir de la burbuja de doble capa definida tanto por nuestras inevitables limitaciones como por la ignorancia, nada inevitable, de su problemática.[45]

Mucho se ha hablado del obstinado hechizo que la causalidad ha ejercido y ejerce sobre el hombre. Los argumentos de Poincaré, y mucho antes de Hume, sobre la imposibilidad de llegar al entendimiento de las causas, mantienen toda su relevancia para las leyes de la dinámica tal como existen desde Newton hasta hoy; pero está enteramente por ver cómo podemos concebir las causas más allá de este ámbito tan particular y reducido. Sea cual fuere el componente subjetivo en la noción de causa, tan indudable para el género de leyes que se manejan, habría que decir que el hechizo de la exactitud se ha demostrado más fuerte todavía. Lo demuestran las frecuentes declaraciones sobre "la irrazonable efectividad de las matemáticas", o frases del tipo "lo más incomprensible es que el mundo sea comprensible". Pero no hay nada de incomprensible ni de irrazonable en todo esto, salvo que queramos olvidar la poda sistemática, y heredada en módulos sucesivos, con que se ha llevado a cabo, para consumar la inversión de lo universal y lo particular. Tendemos permanentemente a confundir la obtención de una solución exacta con la liquidación de un problema, surgiendo así la característica mezcla de éxitos resonantes y misterios inexplicables de la ciencia moderna.

Las cuestiones sobre la causalidad no deberían relegarse al remoto ámbito histórico de la cosmología. La única fuente de causas efectivas, más o menos "localizadas", que conocemos, yace en los fundamentos de la mecánica cuántica. Todo problema técnico o tecnológico está concernido por nuestras nociones de causalidad, y en tales casos, como han mostrado Mead y tantos otros, las descripciones disponibles ensombrecen a menudo tanto como iluminan. Pero también es indudable que el perfil de las leyes de la dinámica que hoy contemplamos excluye una consideración seria del tema –o la pospone para la eternidad. En tal circunstancia, se acude a la cosmología, a conceptos evolutivos infinitamente amplios, y en general al largo y profundo túnel del tiempo; pero nunca podemos saber si con eso nos basta, cuando este espacio sobrante está "inducido" por las mismas leyes tan refractarias a cualquier causalidad.

Claro que no parece haber un final a la vista para los problemas de causalidad y localidad de la mecánica cuántica. El mero hecho de definir que se entiende por "causalidad" o "localidad" deja margen para un amplísimo abanico de casos y arbitrajes; hay miles de interpretaciones posibles, que además dependen a su vez de interpretaciones sobre conceptos igualmente amplios, como por ejemplo, el de "probabilidad" –conceptos que después de todo sí permiten a gran escala muy robustas conclusiones. Algunos terminan por decir que lo que es incompatible con el realismo local no es la mecánica cuántica, sino el laboratorio. Se entiende así el escepticismo de los físicos ante una materia tan opinable. Incluso la idea de que exista *un* "experimento decisivo" es bastante dudosa, y podemos estar seguros de que se le intentaría dar la vuelta con nuevos y aún legítimos contraargumentos.

Edwin Thompson Jaynes, otro gran estudioso de la electrodinámica en desacuerdo con la versión de Copenhague, que trabajó con la moderna teoría de la probabilidad como una extensión de la lógica de Aristóteles, quiso resolver a través de ésta todas las paradojas probabilistas de la mecánica cuántica. Para Jaynes, éstas hacían un uso impropio de la independencia condicional; pero tampoco aquí es más fácil llegar a un acuerdo que con los conceptos antes mencionados. El programa general de Jaynes equivale a aplicar el principio de indiferencia no ya a eventos, sino a problemas. En sus propias palabras "toda circunstancia dejada sin especificar en el planteamiento de un problema define una propiedad invariante, que la solución debe tener si es que tiene que haber una solución definida en absoluto." El enfoque de Jaynes, muy general, merece ser recordado siempre que se trata sobre el estudio sistemático de un problema y sus posibles soluciones, aunque se sitúe por encima de las precisiones físicas del caso. [46]

Los argumentos a favor de las teorías de variables ocultas siguen siendo esgrimidos por físicos tan reputados como Gerard 't Hooft. Éste considera una hipótesis de la gravedad como proceso disipativo, y conjetura que la mecánica cuántica podría tener una explicación realista y local a la escala de Planck, emergiendo como un efecto a las escalas ahora mejor conocidas. La localidad que se intenta restaurar comporta pérdida de información, lo que implica a su vez la "violación" de la invariancia de Lorentz. [47] Aquí, como en tantos otros temas, se advierte hasta qué punto los físicos de hoy luchan más con su propia historia que con los experimentos que nos permite la naturaleza.

Se da por supuesto que toda la física clásica tiene carácter local, pero sería más razonable hablar de grados diferentes de localidad. Salvo por el más que amplio concepto de espacio-tiempo, las dos teorías de la relatividad apenas tienen nada que ver una con otra; y no a todos les resulta fácil ver cómo emerge toda la física clásica del solapamiento de las dos. En cuanto a la relatividad general, la interpretación de Einstein del proceso de dilatación temporal, comporta nada menos que un campo gravitatorio homogéneo que aparece y desaparece de instante en instante. Esto parece claramente incompatible con el valor límite de la velocidad de la luz, pues tendría que crearse simultáneamente en todos los puntos. Hay muchas otras fuentes potenciales de inconsistencia tanto en la relatividad especial como en la general, pero ya hay sobreabundancia de literatura sobre el tema. Nuestro punto aquí es que tampoco en la física clásica podemos librarnos de interpretaciones, arbitrajes, paradojas y vaguedades ni siquiera a propósito de la localidad, por no hablar de la causalidad.

A propósito de la localidad en la mecánica cuántica, Richard Gill concluye que ésta es "definitivamente no clásica" en tanto que es intrínsecamente probabilística y no podemos remitirnos a la variación de las condiciones iniciales –pero que para probar este probabilismo intrínseco hay que asumir que nosotros mismos generemos aleatoriedad. Para demostrar la no-separabilidad característica de los estados entrelazados hay que asumir el control y separación de los sistemas físicos usados en los experimentos. Bell propuso las cuatro posibles posiciones ante su teorema, y la de Gill, que no piensa que la mecánica cuántica tenga que ser no-local, sería la quinta.[48] Tal vez habría que hacer un esquema de posiciones posibles ante los problemas de localidad y causalidad en la mecánica clásica, pues ya vemos que tampoco aquí está todo saldado. Además, la mecánica clásica no está libre de figuras estadísticas irreductibles a la geometría: la luz las muestra al menos desde los tiempos de Fresnel, así como la perpendicularidad de los campos electromagnéticos. Muchos también argumentan que nuestra incapacidad para describir en detalle las secuencias del mundo microscópico cuántico no tiene porqué ser diferente de nuestra incapacidad para seguir las trayectorias de las moléculas en la hidrodinámica o la mecánica estadística clásicas. Maxwell, de nuevo, estaría en el centro natural e histórico de este cuadro.

Si nos atenemos exclusivamente a la lógica predictiva y no objetamos el orden de evolución de los conceptos e inferencias fundamentales, bien puede decirse que las teorías actuales son ya el más razonable término medio para contestar a las preguntas del qué y el porqué de cada caso. Pero esta aceptación conlleva además que no hay otras formas posibles de plantear las cuestiones factuales, con sus cualificaciones básicas y su particular selección de observaciones experimentales. Otro tanto puede decirse de las interpretaciones de la mecánica cuántica que prefieren no enfangarse en temas como la causalidad; por ejemplo la interpretación de David Mermin, de que nada sabemos de objetos correlacionados sino tan sólo de sus correlaciones.[49] Posiciones tales, que no pretenden saber más de lo que saben e intentan venir a términos con nuestras propias limitaciones, son harto preferibles si aceptamos en bloque toda la historia de la física anterior a la mecánica cuántica; pueden lograr una paz precaria entre el entendimiento y la naturaleza, pero no pueden ni pretenden encontrar cosas nuevas.

XI

Discutíamos antes las posibilidades de retrodicción para los sistemas abiertos con diversos grados de complejidad. Los que estudian los sistemas disipativos en la estela abierta por Ilya Prigogine han buscado toda suerte de estructuras algebraicas, como los semigrupos y los espacios de Hilbert acondicionados, para derivar la física conocida de estados alejados del equilibrio. Para Kiehn, los procesos hamiltonianos habituales de la dinámica, que existen en variedades cerradas, pueden emerger por una suerte de "condensación" de los defectos topológicos compactos de sistemas abiertos; los procesos irreversibles pueden describirse además en términos de pares de espinores macroscópicos, un objeto matemático más que familiar para la física, que sin embargo sólo utiliza algunas de sus más restringidas propiedades. Dejando a un lado la escasa popularidad de esta clase de enfoques entre los físicos, el énfasis en la irreversibilidad de la "flecha del tiempo" termodinámica está a veces un tanto fuera de lugar. El universo en su conjunto parece termodinámicamente estable, aunque para definir esta condición también habría que definir de nuevo qué es lo que entendemos por localidad. Por otra parte los sistemas aislados de la termodinámica conllevan su propia idea de localidad, mientras que en sistemas disipativos no lineales, como la reacción de Belousov- Zhabotinsky, hay una correlación espacial no-local. Vemos de nuevo que el concepto de localidad, con todas las asociaciones que lleva aparejadas, varía en función del fenómeno estudiado.

Hablando en puridad, los sistemas reversibles no existen ni siquiera para los casos reales de la mecánica celeste, puesto que las posiciones relativas y el espacio en los sistemas reales nunca son los mismos; sólo cabe hablar de reversibilidad para los casos más simples, ideales y aislados. La radiación electromagnética es claramente irreversible, y en emisiones de alta energía incluso se produce una absorción de calor. También se acostumbra a decir que las leyes del mundo microscópico son temporalmente reversibles, pero al menos por ahora se trata de una afirmación indemostrable, debido al mismo principio de indeterminación de Heisenberg. No es necesario abundar en las singularidades de la relatividad general. Las leyes "básicamente" reversibles de la dinámica, incluso obviando la no linealidad omnipresente en los casos reales, dejan abiertos nada despreciables agujeros. En todo caso, parece que la reversibilidad parcial *debería* emerger de la condición efectivamente abierta de los sistemas, antes que al contrario.

En los sistemas abiertos estudiados propiamente como tales, los biológicos, por ejemplo, existe una simetría básica entre lo que el organismo asimila y lo que elimina, más una disipación de calor o exportación de entropía hacia el medio. Esta entropía exportada no tiene por qué producir desorden en el propio organismo; el aumento del desorden interno depende más bien del desequilibrio entre la asimilación y eliminación, que buscan mantener su balance. De hecho, existen todos los motivos para pensar que procesos como el envejecimiento se deben directamente a la pérdida de la capacidad de eliminación –de destrucción-, y sólo indirectamente y como consecuencia a una pérdida de capacidad de asimilación. Lo mismo podría decirse de procesos como el envejecimiento neuronal y la pérdida de memoria, en franco contraste con la visión "conservativa" de la neurología moderna. Este eje de simetría elemental de los organismos entre la creación y destrucción se repite en el ciclo celular con la polarización y depolarización de las moléculas, e incluso en el ciclo, insuficientemente caracterizado, del sistema respiratorio. La entropía es un subproducto siempre presente que no tiene porqué afectar a este balance básico, y por eso el envejecimiento presenta para nosotros el carácter paradójico de la incapacidad de un organismo para renovarse indefinidamente cuando en principio parece estar hecho para ello. Es decir, los organismos en intercambio con el ambiente podrían estar a salvo de la irreversibilidad y de la muerte, aunque está claro que no lo hacen, o lo consiguen sólo por plazos limitados. La respuesta, sin la menor paradoja, es que la muerte externa sobreviene por el decrecimiento de la muerte interna, o capacidad propia de destrucción.

La destrucción o eliminación *activa* de la redundancia existe, para empezar, en nuestra relación más inmediata con la realidad física: en todo el proceso perceptivo que organiza el caos de los sentidos. Ni siquiera tendría sentido hablar de este proceso de percepción si no se diera una filtración de datos; pero esta filtración es en definitiva destrucción. Ahora además se empieza a contemplar el enorme grado de redundancia que existe en el material genético de las especies, y sin duda la teoría biológica y de la evolución, basada en criterios conservativos heredados en definitiva de la física, no podrá rellenar sus cada vez mayores lagunas hasta que no se confronte con la realidad de un proceso selectivo interno y no sólo externo. El fallido "dogma central" de la biología molecular no es sino la petición de un principio de conservación de la información. Hay destrucción activa dentro justamente porque el material genético heredado fue modelado en otros ambientes o entornos biológicos, que en absoluto tienen por qué coincidir con el actual. La destrucción activa en los sistemas abiertos es, pues, un tema de extraordinaria generalidad e importancia, que la ciencia no ha sabido situar justamente por su deuda histórica con los fundamentos conservativos de la dinámica. Es la herencia de nuestra idea de la inercia, ese "redundante" comienzo de partida de la física. Pero el tiempo mismo, el gran convidado de piedra de la dinámica, es antes que nada destrucción.

Con el método de postulación de la física moderna, desde Newton hasta las modernas teorías de campos, el equilibrio y las cancelaciones exactas se obtienen por definición, al igual que ocurre con las constantes universales. Esto se generaliza luego mediante principios de conservación, que casi siempre se extienden inmoderadamente puesto que en principio sólo se trataba de ajustar los postulados a un caso. No es entonces improcedente pensar que la naturaleza alcanza sus siempre inestables equilibrios por una vía diferente de la "cancelación automática"; pues la naturaleza, en palabras de Fresnel, "ignora las dificultades analíticas". Cancelaciones semejantes sólo pueden existir para nuestras humanas conveniencias de cálculo. Y no es demasiado atrevido decir que, si procesos como el sistema solar mantienen algún tipo de estabilidad, ello no se debe a la infinidad de supuestos de la teoría de perturbaciones, sino a lo que ésta deja fuera. Al hablar entonces de determinismo retrodictivo y retrodicción en general, no hay que pensar en que podamos remontar en detalle todo el pasado de eventos, sino en recuperar ante todo esa parte "recortada" por la dinámica que es el ambiente. Y puesto que el "ambiente" del laboratorio ya está siempre sobredeterminado, la única forma de mitigar esta condición sería no priorizar las predicciones.

En la dinámica han ido surgiendo sucesivamente las nociones generales de fuerza, energía, entropía y complejidad. Las fuerzas son variables, la energía se conserva a gran escala aunque localmente deberían observarse las condiciones, la entropía aumenta con el tiempo aunque el universo y sus pobladores la reciclan. Estos tres conceptos tienen grados crecientes de abstracción: la fuerza es una aceleración para una masa, la energía es una medida de posibilidad de trabajo, y la entropía una medida de probabilidad. La complejidad entendida como orden es el inverso de la entropía, que es una medida probabilista del desorden. Todos estos conceptos tienen un origen claramente utilitario, y no es posible pasar de unos a otros sin un buen número de asunciones. Cabe conjeturar que en los sistemas abiertos exista un eje de simetría temporal que se mantenga en todo momento, y que "conserve" estos distintos órdenes en su conjunto. Un principio de conservación global de este tipo sería también y necesariamente un principio de destrucción y de transformación.

XII

Las tres grandes fases de la historia de la física parecen estar agotando las posibilidades del género. Y no es porque no existan siempre posibilidades nuevas, sino, más bien al contrario, porque hay demasiadas, y todas ellas demasiado alejadas de los antiguos ideales de simplicidad y predictibilidad. Se siguen manipulando símbolos simples y elegantes formalismos, pero hay abismos de inconcreción e indeterminación detrás de cada uno de ellos, y los abismos, como el desierto, crecen. El segundo y tercer periodo han sido en verdad cualificaciones del primero, revoluciones de segundo y tercer orden. Con ello no pretendemos disminuir su importancia, sino más bien atender a la innegable deuda con el pasado que se ha ido acumulando.

El periodo de incubación o gestación anterior a la primera fase fue el siglo XVII, cuya más profunda mutación fue el desarrollo de la confianza en el concepto de inercia. Con la figura de Newton se inicia la ciencia propiamente institucional, y en el primer gran periodo, que se confunde casi con su propia obra, el concepto de inercia se transfigura y despliega acomodándose al de fuerza para abarcar todo el orbe de la creación. El segundo periodo, conservador y escrupuloso, buscó ante todo el soporte de esas fuerzas, y de aquí surgieron, con soluciones salomónicas, los conceptos del campo, la energía y la entropía. El tercer periodo se distinguió desde el comienzo por su abierta ruptura, pero como toda revolución también tuvo mucho de reacción: la relatividad especial y la interpretación de Copenhague sustituyen abiertamente en sus postulados las interacciones materiales por la figura del observador. La física sólo puede seguir creciendo como disciplina abstracta aislándose de la base material y el entorno del que surge; las métricas del espacio-tiempo y la escala de Planck se convierten en las nuevas versiones del principio de sincronización global que separa a los sistemas de su entorno inmediato y convierte en absolutas correlaciones hipotéticas. Se busca luego su verificación con toda clase de observaciones y experimentos, pero el orden de sedimentación de las teorías determina cada vez más qué y cómo se mira.

Así pues, parece que la física teórica hoy, con independencia de cual sea el enfoque desde el que se la aborde, lucha más con los pliegues de su pasado que con los de la naturaleza; con las ecuaciones y convenciones formales, sus modernas catedrales, que con todo el abanico de experimentos realmente a su alcance. Se trata de una situación indeseable desde cualquier punto de vista, pero muy difícil de revertir. Presuponiendo que ya todo el trabajo está hecho en los niveles experimentales más accesibles, la física institucionalizada proclama por activa y por pasiva que sólo con gigantescos y costosos aparatos es posible seguir profundizando en la comprensión de la naturaleza. Pero si en este ensayo hemos hecho tanto uso de la historia, ha sido con la intención de mostrar que en absoluto se le han hecho a la naturaleza las preguntas básicas a los niveles que se dan por superados. Los investigadores actuales, maestros de un género que dominan a la perfección, hacen a su vez los más ímprobos esfuerzos por salirse de las convenciones del género, y proponen toda clase de ideas "revolucionarias" que sólo pueden sumarse a la convención de la revolución, puesto que todo está permitido mientras no cuestione los anteriores estratos geológicos.

Teniendo en cuenta el proceso de cierre gradual que ha tenido lugar en estos siglos, podría pensarse que el único frente de avance real sería la contemplación del entorno abierto del que emergen los sistemas dinámicos ahora conocidos. La física teórica actual escudriña esta "última frontera" bajo la óptica de un vacío cuántico que sería el soporte de todos los campos o fuerzas sin excepción; pero este vacío, utilizado como cajón de sastre para acomodo de las inconsistencias, también parece un callejón sin salida. Para recuperar el entorno y contexto perdido, habría que pasar del observador postulado para el recorte material de los sistemas a la consideración del carácter material de la observación. Nada parecería más razonable, y sin embargo las vigentes reglas del juego están explícitamente formuladas para impedirlo.

Hemos hablado de "causalidad", pero parece claro que nuestras ideas de la causalidad, en el mejor de los casos, no pueden ir más allá de una *descripción* de los procesos proporcionada con la caracterización más completa posible de los fenómenos: y es en este sentido que hemos hablado de la necesidad de una conexión entre los presupuestos de la mecánica causal y la relacional. Esto parece particularmente accesible para el ámbito de la luz y los fenómenos electromagnéticos, donde la historia misma conspiró a favor de dicha conexión. El fenómeno de los potenciales retardados desvelado por Gauss sería tan universal como el conjunto de fenómenos que dependen de un medio y una velocidad de propagación, y podría aplicarse tanto a macro como a microprocesos.

Si nuestra disposición de las "cuatro preguntas científicas" en una cruz de coordenadas no es arbitraria, habrá que suponer que la conexión entre las exigencias de la mecánica causal y la relacional, y entre las preguntas sobre el "qué" y el "porqué", conlleva también la conexión entre los comportamientos observados a escala macro y microcósmica. La única conexión que ahora existe es la de la relatividad especial, aplicada también en las teorías cuánticas de campos; pero este vínculo, dejando ahora a un lado otras consideraciones, resulta claramente deficiente tanto en términos de causalidad como para la caracterización completa de los fenómenos. Se trata, a lo sumo, de una herramienta para el cálculo; pero la ley de los potenciales retardados permite cálculos similares sin desatender nuestras dos preguntas, y probablemente sin las lagunas y paradojas de la relatividad especial. Han de existir sin duda otros muchos niveles de conexión de estos dos polos, relacionados por definición con lo local y lo global, que sólo pueden irse iluminando progresivamente por una profundización en su trama. Ya vimos también los principios de la mecánica de Hertz, que son, antes que postulados, distinciones pertinentes y muy a menudo necesarias. Mirando también hacia el lado izquierdo del eje horizontal, habría que hacer las debidas distinciones con respecto a las cantidades controlables e incontrolables en los experimentos, así como otras que ahora no podemos ver con suficiente claridad.

Con el aumento de postulados arbitrarios los problemas de inconsistencia crecen. La "navaja de Occam" termina por convertirse en la enloquecida escoba del aprendiz de brujo, y aunque en principio uno pueda creer que tiene la descripción más "sobria" posible de un nuevo caso, lo que paralelamente se está haciendo es segregar y fragmentar problemas de acuerdo con la conocida y admitida dinámica de la creación de especialidades nuevas. La búsqueda a posteriori de teorías unificadas que engloben todas estas arbitrariedades parece simplemente condenada a multiplicar su número. Habría por el contrario que tomarlas entre las manos y cuestionar cómo se hicieron; y bastaría hacerlo a la luz de todas las teorías precipitadamente descartadas para que esa historia triunfalista y unidireccional de la que ni siquiera concebimos salida recobrara a través de su contraste una dimensión más ajustada.

Sin duda, las instituciones que velan por el conocimiento y por sí mismas tienen otras prioridades. El debate entorno al electromagnetismo quedó cerrado hace más de cincuenta o sesenta años, se supone que para dar paso a teorías más recientes y discutibles. Ni siquiera se admiten artículos sobre este tema, como no se admiten de otros cuerpos de teoría que ya se han sedimentado y resultan vitales para dar suelo a los desarrollos o especulaciones en marcha. Y sin embargo, la mayoría de los ingenieros admitirá sin reparos que el entendimiento que tiene de la materia es puramente convencional, apenas diferente del de unas reglas de tráfico; y los mismos físicos conceden que las leyes de Maxwell, o las de la electrodinámica cuántica para el caso, son una descripción empírica. El problema es que nunca vamos a tener otra cosa que descripciones empíricas, sin importar a qué nivel descendamos; la cuestión entonces es cuál es la mejor descripción posible de los fenómenos como procesos, pues eso es lo que determina la profundización en la teoría, y sobre todo, el orden de pasos sucesivos. En el caso del electromagnetismo, no parece que las ecuaciones de Maxwell fueran la mejor descripción posible, pero toda la física del siglo XX ha sido una consecuencia de su adopción.

Es esta sedimentación geológica de las teorías la que impide su revisión dentro de la comunidad de físicos y las instituciones del saber. Mientras tanto hemos aprendido que la física puede llegar a hacer predicciones correctas incluso partiendo de asunciones totalmente erróneas; el caso del átomo de Bohr, habida cuenta del incuestionable éxito predictivo de la mecánica cuántica, sería el ejemplo más espectacular. Por supuesto, en muchos casos las predicciones están completamente en el aire, como en el caso de la cosmología y la relatividad general; aunque parecen mantenerse gracias a la más que amplia proclividad del campo para las especulaciones, extrapolaciones, introducción de nuevas entidades, inferencias estadísticas y "factores de conversión" para los datos obtenidos.

Seguramente la ciencia, como cualquier actividad colectiva, necesita mecanismos de regulación, incluso aun cuando esto conduzca, de manera casi inevitable, a la constitución de ortodoxias. Sin embargo, ni la regulación ni las patentes ortodoxias han servido para poner freno a las patologías de la física moderna y sus monstruos de la razón: por el contrario, han recibido el más decidido aliento, en la forma de "especulaciones autorizadas", e incluso se ha creído que de este modo se podría volver a conectar con la imaginación de un público cada vez más lejano, desorientado y escéptico. Si la autorregulación del estamento científico no ha conseguido refrenar esta carrera especulativa, cabe preguntarse entonces cuál es su finalidad.

La física actual, como el conjunto de la ciencia, no tiene punto nodal ni centro de gravedad porque es incapaz de encontrar un contrapeso *interno* en la índole de sus preguntas. De este modo, en vez de fortalecer sus huesos, querría extender hasta el infinito su piel. La acumulación de postulados arbitrarios no lleva hacia la tan ansiada y definitiva "teoría unificada", sino que, por el contrario, supone una ruptura y un desgarro sistemático del tejido de la realidad, dondequiera que resida su naturaleza o unidad. No podemos saber hasta qué punto la naturaleza pueda ser simple, pero seguro que esta simplicidad, cualquiera que sea, no pasa sólo por nuestra muy humana capacidad de podar las circunstancias a nuestra conveniencia. Las llamadas leyes de la física, que permiten predicciones, existen porque en la naturaleza hay comportamientos regulares; pero no basta con identificar ambas cosas para tener nociones adecuadas sobre en qué consisten esos comportamientos ni de dónde proceden.

Para repetirlo de nuevo, si somos incapaces de entender cabalmente la luz o el electromagnetismo al nivel clásico, excusamos de buscar una comprensión más profunda de estos mismos fenómenos o del mundo en teorías con muchos más grados de incertidumbre y arbitrariedad. Esto concedido, la pregunta que resta es si somos capaces de entender *algo* en el mundo de la física a nuestra entera satisfacción; y si eso no es posible, se trataría al menos de averiguar hasta dónde podemos llegar en la comprensión de ese algo, así sea la luz. Si ni tan siquiera podemos entender la luz en términos razonables para todos, ya habremos averiguado lo que se puede esperar del conjunto de la física como forma de intelección del mundo.

XIII

Las cuatro preguntas de Aristóteles siguen hablándonos del conocimiento como un juego de determinaciones y codeterminaciones. A menudo se espera que la ciencia logre algún día definir nuestro lugar en el universo; pero pocas veces nos preguntamos por nuestro lugar dentro del conocimiento que habría encontrado ese lugar. Esa pregunta podría endosarse tanto a la matemática, o a la física, como a la filosofía; a cualquiera de ellas, a ninguna de ellas, o a las tres juntas, tal como coexistían en el siglo XVII. En el centro y origen de coordenadas, como un hermoso pájaro con cabeza, cola y dos alas, estaría la ciencia misma, o el conocimiento, dispuesto a volar siempre en cualquier dirección. Así pues, cualquier intento de enfocar un fenómeno físico sin dejarlo escapar a otro nivel no puede dejar de pasar por el conocimiento del conocedor –por el autoconocimiento.

Esto no excluye el conocimiento de la naturaleza; pero seguramente la naturaleza no puede revelar nada sustancial sin esto.

Hermann Weyl, uno de los últimos ejemplos de matemático con competencia en la física y la filosofía, habló hacia 1950 de la "tendencia a coalescer" en su disciplina. Era una declaración optimista, que hacía referencia sobre todo al trabajo que la axiomática parecía tener por delante. Dos generaciones más tarde, no se aprecian demasiados signos de coalescencia, y la matemática sigue creciendo en todas las direcciones, y con inmejorable salud: más libre que nunca, desde que sabe que no existe la unidad, y sí innumerables unificaciones. Esto no excluye en absoluto la continuación del trabajo en los fundamentos, y de aquí emergerán muchos nuevos cuerpos de teoría, que ahora es imposible imaginar. La imposibilidad de unificación de la matemática sólo pareció sorprendente tras el empeño, bastante pasajero, en buscar su total consistencia; pues nunca ha tenido un centro como disciplina, y si un buen número de motivos recurrentes.

La pregunta es si la física, como disciplina experimental, tiene realmente un centro de gravedad. Desde luego, si lo tuviera, no parece que lo hayamos descubierto; pero también puede ser que no podemos encontrar su contorno porque lo que ahora tenemos es una serie de mediadores inespecíficos, como las actuales teorías de campos. Se dice que en las últimas décadas la matemática ha vuelto a tomar contacto con la física, tras una época de divorcio; pero lo que ocurre más bien es que la física teórica, en su carrera de armamentos matemáticos se ve obligada a hacer un uso más y más exhaustivo del arsenal de herramientas que la disciplina hermana ha puesto a su disposición. Y sin embargo, creemos que los matemáticos encontrarían estructuras más fundamentales si retomaran la labor de conectar los extremos "descartados" de la física. La mayor parte de los matemáticos del pasado, con Gauss a la cabeza, han hablado del irremplazable valor de inspiración que la naturaleza tiene para su disciplina. ¿Por qué la matemática de la naturaleza supera en profundidad a las matemáticas que el hombre pueda desarrollar de espaldas a ella?

La respuesta, dejando a un lado el incentivo que supone la aplicación a problemas externos, podría estar en las antípodas de donde ahora la queremos encontrar. Pues el discurso de Galileo, que ensalzaba a la matemática como el lenguaje en el que "está escrita la naturaleza", se ha convertido ahora en un tópico tan aceptado que bloquea la reflexión de antemano. Por el contrario, es posible argumentar que la razón fundamental de que la matemática de la naturaleza sea tan profunda está en el elemental juicio de Aristóteles, de que la matemática no se ocupa del cambio. Este juicio parece condenado al ridículo para el oído moderno, puesto que la física y la matemática, juntas y por separado, abarcan un número ilimitado de transformaciones; pero si no nos dejamos engañar por esto, sigue siendo completamente cierto que el cambio en bruto, incluso el mero movimiento como proceso, continúa escapando a cualquier formalismo.

Aristóteles, por supuesto, no podía imaginar el despliegue que la matemática tendría a lo largo de los siglos. De hecho las matemáticas que el conoció fueron las de Eudoxo o Mecnemo; el gran siglo de la matemática y la astronomía griega fue el inmediatamente posterior, el de Euclides, Arquímedes, Aristarco, Eratóstenes y Apolonio. Pero los enormes desarrollos que vendrían más tarde, hasta llegar al día de hoy, no han conseguido arrojar luz sobre la relación entre la matemática y la realidad, y los físicos, en sus ratos libres, siguen interrogándose sobre la "irrazonable eficacia de las matemáticas". Seguramente sería más útil preguntarse sobre la irrazonable eficacia de la naturaleza para escapar a nuestros cálculos, pues es allí donde se encuentra su inagotable fuente de inspiración. En el centro de esta pregunta, además de la naturaleza, estaría también nuestro intelecto, responsable de todas las determinaciones desde el mismo momento en que cogió el compás y la vara de medir.

Esta pregunta tal vez no estaría relegada al dominio de la metaciencia si la propia ciencia hubiera tenido un desarrollo más ordenado. Pero aunque este no haya sido el caso, la historia nos devuelve siempre la otra parte, por la sencilla razón de que estaba ya contenida en el programa original –y junto a la historia, el eco o recurrencia de aquellos motivos en los problemas actuales. De manera que este orden persiste como interno a la ciencia, por grandes que sean los esfuerzos por "superar el realismo". Pide por tanto lo mejor de nuestra atención, porque justamente aquí está la parte por encima del tiempo y de la historia, y no en los desarrollos altamente contingentes que la ciencia ha tenido de hecho. Pero, a diferencia del resto de las historiografías, lo magnífico de la historia de la ciencia es que permite una nueva apelación al tribunal de la naturaleza; aunque no parezca que la ciencia moderna, tan orgullosa de su intemporalidad, esté inclinada a la revisión de su caso.

La colaboración de la matemática, la física y la filosofía podría facilitar esta revisión. Con esto no se trata de sugerir que la filosofía actual, al menos en el nivel de sus prácticas habituales, tenga gran cosa que aportar. Por el contrario, la mayor parte de nuestros argumentos de lo que llamamos "filosofía natural" vienen de físicos descontentos con el presente panorama de su disciplina; aquí es donde ahora mismo se encuentran argumentos dignos de la mejor tradición filosófica. Por lo demás, sus investigaciones están totalmente de espaldas al orden del día de la disciplina, y sólo encuentran espacio para su publicación en contadas revistas dedicadas a los fundamentos o en la propia Red.

Hay, además, una curiosa relación en el tiempo entre estas tres áreas de conocimiento, tan unidas al inicio de la revolución científica; un sistemático desencuentro que muy de tarde en tarde se convierte en conjunción. Y esta relación entre las tres depende de la relación que cada una de ellas mantiene con la conservación y transformación de su herencia acumulada. En la filosofía no se advierte progreso acumulativo alguno, limitándose la evolución a un cambio periódico, y más o menos recurrente, de estrategias generales; tal vez sea por esto que los filósofos y metafísicos hayan buscado siempre los aspectos más intemporales del conocimiento. Como esto ha sido en vano, no es de extrañar que a menudo se vuelvan hacia su hermana la matemática, que después de todo también es otra ciencia de conceptos, y con un grado extremo de invulnerabilidad al tiempo en sus demostraciones y resultados. A diferencia de la filosofía, la matemática no teme el cambio y la transformación, precisamente porque sus resultados están demostradamente a salvo de las contingencias. En la matemática coexisten la conservación perfecta y la transformación perpetua de sus formas; el problema es que no existen contenidos, salvo en sentido relativo o figurado. Y finalmente tenemos la física, nacida de la conjunción de ambas, y, por supuesto, también de las actividades e intereses prácticos del hombre, que más que interferir habrían ayudado al maridaje de contenidos y formas. La física emplea las formas matemáticas, que por naturaleza están abiertas a las transformaciones de todo tipo; pero también es custodia de los contenidos atesorados a lo largo del tiempo y del estatuto o rango de sus resultados. En este sentido, como la historia no ha dejado de mostrarnos, sí presenta una decidida resistencia al cambio. También, y muy especialmente, cuando celebra sus revoluciones.

Esta relación de las tres hermanas con la preservación, la transformación y la eliminación podría resumirse con la conocida humorada que dice que los físicos necesitan costosos aparatos, los matemáticos papel, lápiz y papelera, y los filósofos ni siquiera papelera. La capacidad de eliminación decide en gran medida el nivel de cada actividad. Pero los "aparatos" o experimentos de la física actual, su grandiosa papelera, tienen una capacidad de eliminación demasiado reducida y selectiva. Desaprovechan demasiado la disponibilidad de la naturaleza para ser nuestro más fiel árbitro.

Aquí las matemáticas tendrían que jugar el papel de salvador, y no es casualidad que la física teórica actual se parezca tanto a la matemática pura. Pero las matemáticas más interesantes, las más fecundas, las más próximas a los puntos neurálgicos que se entrecruzan entre nuestro conocimiento y la realidad, o entre la llamada realidad y nuestras posibilidades de comercio con ella, no tienen porqué ser las que están involucradas en una operación de salvamento. Las álgebras y super-álgebras de última hora son como la copa del árbol, pero mientras tanto se pierden las líneas argumentales más básicas y más profundas. Y, por el contrario, mucha matemática conceptualmente nueva y de gran universalidad, con posible pertinencia para el mundo físico, permanece ignorada para una física absorbida por su búsqueda de robustez inmediata para el cálculo. Pero la matemática, a falta de aparatos, tiene en todo momento la libertad y la competencia para considerar las teorías físicas y su estructura –aunque su solución de problemas dependa tanto del grado de desarrollo de los temas como de las ideas preconcebidas y el orden de concepción.

XIV

Las cuatro viejas cuestiones cardinales, "porqué", "qué", "qué propiedades tiene", y "si es o no es"-o sobre el ser, la existencia, el conocimiento y la experiencia-, conciernen a la más desnuda gnoseología tanto como a la epistemología. Entendemos por epistemología la teoría del conocimiento científico objetivo, y entendemos por gnoseología lo que atañe al conocimiento en general, antes y más allá de los grados de objetivación –si es que lo objetivo no es un callejón sin salida, y depende de lo conocido y lo desconocido. La epistemología termina por perder cualquier interés si se desconecta de la gnoseología; ésta puede recibir caudal incluso de las más elaboradas teorías. La física moderna difícilmente podría explicar ninguno de sus conceptos fundamentales, como materia, fuerza, campo, o vacío, en términos de estas cuatro preguntas, y ya hemos visto en parte las razones de esta afasia, que se disimula, o bien apelando a la indudable complejidad de las teorías, o bien con superposiciones de planos e ilustraciones que eluden sistemáticamente las preguntas más recurrentes e indeclinables.

Lo humano engloba por entero a la actividad de las ciencias, pero el objeto de las ciencias es lo humano y lo no humano; así, la aspiración a que ambas esferas lleguen a ser concéntricas queda sometida a toda clase de arbitrios y tensiones. Las mismas especialidades dentro de una misma rama, como la física, se ramifican y divergen con objeto de evitar inconsistencias y conflictos. Para que la epistemología y la gnoseología llegaran a ser más concéntricas, precondición de lo anterior, el mismo material de las ciencias debería ser susceptible de reorganización. Podría creerse que el eje vertical y horizontal en que hemos dispuesto nuestras cuatro cuestiones corresponden genéricamente a lo que F. S. C. Northrop llamó conceptos originados por intuición, denotativos, y los conceptos deductivos surgidos por postulación –el color verde como cualidad y como longitud de onda. [50] Esto se avendría bastante bien con la tendencia todavía dominante en el conocimiento científico, así como con otras separaciones convencionales entre lo objetivo y subjetivo, lo cuantitativo y lo cualitativo, o las ciencias y humanidades; pero no realmente con el fondo de las cuatro preguntas ni de sus auténticas posibilidades formales.

Vemos por el contrario que los conceptos postulados comportan entidades denotadas, aunque estas últimas no interfieran inmediatamente con el propósito básico de predicción. Las mismas preguntas sobre el ser o no ser no tendrían porqué tener la misma carga o connotación de postulados si no tuvieran que ajustarse sólo al caso predictivo. Por otra parte, habría que ver qué definición de los colores es posible en términos puramente relacionales, si es que la física relacional, que apunta hacia la depuración de los fenómenos, no es privativa de la cinemática, etc. Dejamos para el interesado una cascada de preguntas que se haría interminable, para indicar tan sólo que nuestra separación de lo subjetivo y objetivo seguirá siendo provisional y con espacio interno para la mudanza. Sólo estas reordenaciones masivas del material harían más factible una percepción concéntrica de las esferas de lo humano y de la ciencia, y secundariamente, harían posible también una agrupación más "concéntrica" de las diversas disciplinas –dando por supuesto que el centro sería lo más problemático de todo.

Nuestro conocimiento de la naturaleza dependerá siempre del juego de determinaciones del intelecto; él es el que está en el origen de coordenadas, haciéndose estas y otras muchas preguntas. No podemos conocer nuestro lugar en la naturaleza sin preguntarnos dónde hemos puesto a la naturaleza. Con esto no se pretende buscar nuevos territorios privilegiados para la filosofía. Eso ya tuvo lugar desde Kant, con el resultado de un divorcio casi definitivo entre la filosofía y las ciencias. En todo caso, la filosofía, además de intentar aprender algo de toda esta historia, esta obligada a buscar una lectura tan libre de urgencias y contingencias como sea posible.

Si retomamos sistemáticamente los cabos sueltos de la historia de la física, podemos recuperar en perspectiva esa "tendencia a coalescer" que los compromisos y urgencias nunca harán posible. Hay aquí un germen para otro nivel de colaboración entre investigadores, muy distinto del que permiten las actuales instituciones del conocimiento. Asistimos además a la emergencia en la Red de enciclopedias y plataformas de colaboración en todo tipo de contextos y entornos de conocimiento, que facilitan la creación y mejora continua, tanto de los contenidos como de su estructuración. Estas plataformas y medios sociales pueden tener núcleos más o menos densos e infinitos grados de conexión con la periferia. "Si ha de construirse un nuevo individualismo, ha de ser por la operación de inteligencia cooperativa, lo que en ciencia equivale a un modelo de trabajo para la unión de la libertad y la inteligencia." [51] Estas palabras de Richard McKeon en 1952 son ahora más actuales que nunca, pues nunca la inteligencia colaborativa ha estado más condicionada por los factores de escala y convención. Ya no es una cuestión de estar a favor o en contra de cómo elaboran el conocimiento las instituciones científicas; se hace imperativo trabajar a otros niveles. Una nueva ciencia sólo llegará con una forma nueva de hacer ciencia.

Se lucha en todos los campos por crear una mayor libertad de investigación, pues la experiencia nos dice que cuando menos dirigida está mejores suelen ser los frutos. La búsqueda asociativa de la definición de los ángulos y su interconexión en un objeto o problema nos daría muchos sorpresas inesperadas, puesto que supone una suerte de "procesamiento en paralelo" con modos completamente diferentes en la distribución de tareas y con muy distintos efectos de polinización cruzada. Aunque la redundancia es inevitable, como en cualquier otra estrategia de investigación, aquí se le podría extraer mucho mayor provecho. Nos permitiría crear interferencias constructivas a partir de los intereses más definidamente individuales, así como correlaciones de más amplio rango en virtud del análisis comparativo y el autoanálisis; finalmente, también nos brindará otros criterios de eliminación, selección, y destilación. Juntos lo sabemos casi todo; y los conocimientos únicos de cada cual rara vez se encuentran en su lugar de elección. En cualquier caso, tenemos una enorme confianza en lo que pueden depararnos formas más libres de colaboración, y estamos convencidos de que no hemos hollado ni tan siquiera los comienzos de este camino.

Si un grupo de investigadores se propone explorar un cuerpo dado de problemas, pongamos los del electromagnetismo, atendiendo a los derechos de las cuatro cuestiones en pie de igualdad –cada cual abordándolo desde sus propios intereses y supuestos-, estará construyendo ya una idea de la unidad de su objeto completamente diferente de la que ahora impera; y no sólo construyendo, también encontrando un nuevo objeto. Y estará cambiando el "yo" conocedor, porque cambiará el sentido del "nosotros" al que el individuo, en las ciencias, debe siempre la mayor parte.

La unidad o unificación soñada todavía hoy en ciencias como la física es justamente eso, el sueño de un "yo" conocedor heredero directo de los atributos de la omnipotencia divina. Indirectamente, Einstein ha influido más en la física moderna por "el sueño de Einstein", la búsqueda de una teoría unificada como Santo Grial, que por la propia teoría de la relatividad –incluso entre todos aquellos que, apostando por el carácter fundamental de la mecánica cuántica, han juzgado su posición como errónea o descaminada. Por supuesto, la física moderna se ha planteado su unidad desde los primeros días, pero sólo en el último siglo este problema ha adquirido un cariz tal que parece desafiar abiertamente a la lógica. Creemos, sin embargo, que este tipo de búsqueda de la unidad con teorías que cubran las formulaciones más aceptadas como si fuera un paraguas, son más propias de tiempos pasados que de las circunstancias presentes. Pero eso no significa el adiós sin más a la unidad, sino a una idea unidireccional de la unidad que nos impide mirar coordinadamente hacia los lados.

Tal vez la naturaleza tenga una simplicidad; pero no tiene porqué coincidir en absoluto con las humanas ideas sobre lo que es simple. La mente humana tiene un instinto invencible para buscar los atajos; pero esos atajos sirven siempre a un propósito u otro. En la física moderna el propósito fue la predicción. Si encontramos un equilibrio congruente entre la búsqueda con finalidad y la búsqueda libre de finalidad, tendremos muchas más posibilidades de acercarnos a lo íntimo de la naturaleza, sea lo que sea. Y, en cualquier caso, tendremos muchas más posibilidades de encontrar lo nuevo, lo inesperado y lo sutil. Que la mitad o más de los descubrimientos han nacido de preguntas desinteresadas, es algo que sabe todo el mundo. El propósito, naturalmente, también ha de existir; pero en la empresa de la física lo ha informado todo demasiado pronto. Así, también el instinto se comprende a sí mismo antes de tiempo, y el gran polinizador, el eros del conocimiento, se evapora.

No es nada nuevo decir que toda la lucha por lograr formas óptimas de investigación e innovación gira en torno al equilibrio dinámico entre propósito y desinterés. Pero el peso del propósito lo tiene la dirección colectiva, mientras que eso que llamamos "desinterés" sólo puede estar soportado por el más genuino interés individual, el que no especula con la naturaleza del fruto; a este respecto es imposible engañarse. En el caso de la física, es bien fácil ver que lo que sigue moviendo el interés de cualquier intelecto, el eje de toda apertura e inspiración, son las preguntas sobre el qué y el porqué de las cosas; pero los formalismos colectivos de la disciplina niegan cualquier valor definitorio a estas preguntas, promoviéndolas a los limbos más remotos donde todas las especulaciones están permitidas: la gran explosión al fondo y en la cumbre, el principio antrópico como insuperado monumento a nuestra improbabilidad.

El equilibrio entre propósito colectivo e interés individual pasa por la equidad ante estas cuatro preguntas. Buscando su equidistancia, dibujaremos otro contorno y otra concepción de la unidad más allá de cualquier finalidad particular. Las "sociedades basadas en el conocimiento", si algo nuevo han de aportar, no funcionarán por el liderazgo de unos pocos, que marquen en cada momento las metas, y el seguimiento ilusionado de equipos y grupos de prosélitos. La lógica del consenso procura definir posiciones inmediatas como base para las acciones futuras; buscando lo que queda por definir, se huye de lo realmente indefinido de cada situación, que a menudo es el móvil más eficaz, y el más perspicaz a poco que sepamos reconducirlo.

Por otra parte, ahora que tanto hablamos de "interdisciplinariedad", cualquiera puede ver que toda disciplina o especialidad se ha constituido, cerrado y dirigido por un proceso de eliminación de cuestiones. El prejuicio más extendido es que sólo se ha despojado de las cuestiones subjetivas; nosotros hemos querido indicar que ha prescindido de las más inmediatamente inconvenientes, en beneficio de su crecimiento y en prejuicio de su unidad y de su autonomía –pues a la vista está la creación permanente de especialidades nuevas. Para que la apertura interdisciplinar tuviera un efecto realmente profundo tendría que producirse primero un giro o apertura intradisciplinar: una búsqueda en el interior de cada disciplina de su propia totalidad no inmediata –justamente el medio indefinido, recurrente y tácito que envuelve a cada especialidad. Esto crearía vínculos espontáneos con las totalidades no inmediatas, pero potencialmente concéntricas, que son el medio indefinido o tácito de las otras disciplinas.

Nuestra idea básica, naturalmente, es que existen tales totalidades no inmediatas, que burlan el desarrollo lineal o unidireccional de las disciplinas. Es más, esas totalidades pueden existir en gran número en el interior de una sola disciplina, y son bien diferentes de lo que entendemos por sus materias u objetos. La luz o el electromagnetismo, definidas conforme a nuestras cuatro preguntas, serían totalidades de este género para la física. Así contempladas, no serían simples cuerpos de teoría, porque sus conexiones con otros cuerpos de teoría no han quedado todavía cerradas. Probablemente, esto es algo que sólo podemos comprender en la práctica, a través de la investigación en marcha.

Dicho de otro modo, si un pequeño grupo trabajara "a cuatro bandas" con la problemática clásica de la luz, o la cuántica, terminaría por encontrar conexiones y congruencias hasta ahora del todo inesperadas con lo encontrado por otro grupo que trabajara del mismo modo sobre los problemas más generales del electromagnetismo; o incluso los de la gravedad. O siguiendo, con la química, la bioquímica, etcétera. Salvo por las circunstancias, esto no es dependiente de un orden secuencial; el orden o la unidad lo ponemos sólo nosotros. Podemos ver esto como encuadres concéntricos en torno a un origen de coordenadas planas, o podemos imaginar un tercer eje en profundidad; todo esto no son sino las más simplistas ilustraciones de un proceso que sólo puede tener sentido desde dentro. Y sólo desde dentro puede tener sentido la organización del conocimiento, con sus problemas de densidad y volumen crecientes. El caso es que este "dentro" es siempre más interno que las disposiciones de cualquier institución o el balance que los especialistas rinden del estado de su disciplina ante ellos mismos o el resto de la sociedad.

La forma más elemental de facilitar conexiones es intentar poner las preguntas más relevantes sobre el mismo plano; también, probablemente, la más difícil y sutil. Cuando procuramos hacerlo, nos vemos metidos de lleno en los problemas intrínsecos del orden de concepción, que pueden ser bien diferentes de las circunstancias del desarrollo histórico. Las mismas cuatro preguntas sobre las que hemos abundado parecen apuntar a momentos teórica y cognitivamente distintos, y sin embargo no prescriben ningún orden arquitectónico de sucesión. Podría hablarse, a lo sumo, de órdenes de conveniencia, aunque lo más valioso es la simultaneidad de la tabla redonda que dibujan. Se pueden hacer experimentos para refinar sucesivamente los conceptos tanto como ahora se hace para refinar las predicciones. Para esto es necesario dibujar un círculo imaginario de 360 grados; no porque puedan contemplarse todas las posibilidades, virtualmente infinitas, sino porque no deberíamos excluir por principio ninguna.

Lo primero en la naturaleza podría ser lo último conocido por nosotros: también la ciencia moderna se ha mostrado especialmente sensible a esta famosa distinción aristotélica, pues de otro modo en vano esperaría grandes revelaciones. Pero dado que el orden de desarrollo está sujeto a tantas circunstancias adventicias, cualquier lente que nos permita ver las cosas con independencia de él tendría que ser bienvenido.

Mucho antes de que la física se asentara como disciplina, la filosofía se atrevió a hacer sus propios análisis conceptuales partiendo de definiciones y distinciones sobre el móvil, el movimiento, el sitio para moverse y la sucesión según un antes y un después –o conceptos de localización, actualización, separación y sucesión. Fernando Goñi Arregui hizo en su día un excelente análisis de estos cuatro principios, puramente intelectuales, que de ningún modo condicionan los datos de la experiencia, aunque sí a sus innumerables modos de postulación, organización e interpretación.[52] Dos de ellos, el de separación y sucesión, son de naturaleza simple; los otros dos, el de localización y el de actualización, son compuestos porque contienen en sí la idea de conjunto: conjunto de puntos reales inextensos y conjunto de instantes con acción elemental. Hay profundas relaciones entre estos principios o intuiciones y nuestra reformulación de las cuatro "cuestiones científicas", aunque, desde luego, no hay superposición unívoca entre unos y otros; las cuatro cuestiones miran hacia fuera e interpelan a la naturaleza, las cuatro intuiciones formales miran hacia el interior de las representaciones y construcciones matemáticas. Y aunque estos conceptos ya fueron reconocidos dos milenios antes de que tomaran el relevo las nociones de fuerza, masa, tiempo y espacio absolutos, persisten como irreductibles intuiciones primarias: estaban antes, y siguen estando después de todas las revoluciones científicas, cada vez que intentamos concebir los fenómenos o reflexionar sobre ellos. En tal sentido se muestran mucho más atemporales que los conceptos propiamente físicos, en que se ha combinado una parte reconocidamente utilitaria con una formulación matemática y unos principios globales que se deslizan invariablemente hacia la idealización platónica.

Observando el empleo que la física ha hecho de estos cuatro principios filosóficos, se aprecia que la mecánica clásica de partículas puntuales hizo un uso por activa de los principios espaciales de separación y localización, y un uso por pasiva de los principios temporales de actualización y sucesión. Si se considera que el concepto físico básico correspondiente a la sucesión es la frecuencia, habría que concluir que sólo con la mecánica cuántica han tenido oportunidad de recobrar el primer plano estos dos principios temporales –siendo el cuanto de acción una simple medida de actualización como sea que queramos entenderlo. No ha sido esto lo que ha ocurrido en la práctica, pues puntos y distancias se combinaban en la mecánica clásica de forma explícitamente geométrica, mientras que la correlación de Planck no ha pasado de ser una inferencia estadística indirecta.

En realidad comprendemos del espacio lo mismo que del tiempo, es decir, nada. Ambos son construcciones hechas con un número indefinido de elementos; aunque no vemos cómo puedan remitirse a algo más básico que los cuatro conceptos mencionados. El espacio como sinónimo de extensión puede ser un concepto geométrico, pero en el espacio físico intervienen otras nociones ampliamente independientes –y es por esto, para empezar, que la física difiere tanto no sólo de la geometría sino también de cualquier otra rama de la matemática por separado. Es también por esto que la naturaleza es y será una fuente inagotable de motivos matemáticos para nuestra intuición. Lo más sorprendente de estas cuatro intuiciones es que, probablemente, nunca seremos capaces de combinarlas sin huecos. Es decir, la combinación de estas cuatro intuiciones resultará contraintuitiva con toda probabilidad. Cuando más puras son las intuiciones, más contraintuitiva es su combinación. Luego el trabajo en los conceptos exhibe esto y lo diluye con su ingeniería de puertos, canales y caminos. Habría que averiguar si pueden concurrir o estar sobre un mismo pie, o aun simplemente equidistantes; incluso con modelos de juguete como el del propio Arregui, cuya intención no es otra que ilustrar esto a los niveles más elementales de la mecánica cuántica y relativista.

La mecánica cuántica estaría llamada, por su propio objeto, a completar y compensar los aspectos unilaterales impulsados por el desarrollo de la mecánica clásica, pero ha sido la misma inercia de este desarrollo lo que ha impedido que madurara esta cosecha –que captemos lo que "la física cuántica está tratando de decirnos".Cosas similares ocurrirán siempre que creamos que el mero desarrollo de un tema agota su contenido. En contraste con esto, ya apuntamos antes cómo los fenómenos de fase y frecuencia tal vez puedan permitir, a través del potencial retardado, una reconexión de la mecánica cuántica y clásica allí donde menos lo esperamos: en la descripción ritmodinámica del movimiento como proceso, incluyendo el movimiento no uniforme o arritmia que se supone define a los eventos. También la actual búsqueda de un mecanismo cuántico para un concepto clásico como la masa tendría que arrojar alguna luz sobre estos viejos problemas, tan ingeniosamente sorteados hasta ahora por el cálculo.

Seguramente no está dentro de las posibilidades de la física, ni del hombre, el descubrimiento de "leyes universales", o de métricas que determinen el comportamiento del espacio o el tiempo. En un mundo de efectos, lo más que podemos hacer es caracterizar apropiadamente los fenómenos a nuestro alcance y describir consistentemente sus correspondientes procesos; pero esto ya arrojaría un cuadro bien diferente del que tenemos ahora. La física, por su complejidad, es una estructura de correlaciones matemáticas altamente dependiente del orden de concepción. Puesto que el orden de correlaciones determina la calidad del conjunto, el desafío es tratar la física con la máxima independencia del orden contingente que lo alumbró. Conocer y sopesar las dos caras de este orden histórico cambia nuestra capacidad de orientación y nuestros grados de libertad.

XV

Hemos hablado mucho de principios: el principio de homogeneidad, el principio de localidad, los principios de la mecánica de Hertz, o el principio de equilibrio dinámico. No hay que decir que principios tan generales y poco restrictivos no pretenden ser postulados o axiomas, sino que se muestran como principios-guía, a veces de naturaleza reflexiva. Y si tuviéramos que quedarnos con uno solo que, en toda su generalidad, pueda sostenerse en el cruce de nuestras cuatro cuestiones y en el origen de coordenadas, elegiríamos sin dudar el principio de equilibrio dinámico o suma cero de fuerzas. Perfectamente trivial en apariencia, diverge del principio de inercia de un modo inmensurable. También el principio de inercia ha llegado a resultar trivial o redundante con el tiempo, y sin embargo es la línea de flotación del gran navío de la física. Sin embargo, ya hemos visto casos en los que la observación del principio de equilibrio dinámico permite una lectura netamente diferente y mucho más simple de fenómenos muy problemáticos –porque no se sostiene la presunta "ausencia de fuerzas"- y seguramente encontraríamos una infinidad si se aplicara más sistemáticamente. Resulta en cualquier caso llamativo que este principio, tan acorde con los diversos principios variacionales, no haya encontrado una formulación explícita hasta finales del siglo XX. Y aun en consonancia con los otros principios variacionales, puede comportar, según los casos, una aplicación diferente de cualquiera de los tres principios de la mecánica, e incluso del principio de la conservación de energía, y no meramente del primer principio de inercia. No es por lo tanto trivial, y, además de permitir una conexión entre los supuestos de la mecánica relacional y causal, nos devuelve a las cualificaciones del conocimiento en el plano experimental, haciendo por eso mismo posibles otro tipo de preguntas a la naturaleza, observaciones y experimentos.

McKeon juzgó recomendable partir de las cualificaciones de "aquello que es"; una prioridad de conveniencia más que propiamente arquitectónica. Las cualificaciones de lo que es el caso afectan a los principios en los tres sentidos que solemos dar a esta palabra: "como puntos de partida, como distinciones básicas, y como fundamentos de la unidad". Como puntos de partida, son fuente a su vez del principio de diferencia e indiferencia, o de las diferenciaciones e identidades arbitradas. Las distinciones básicas, como entidades, categorías y eventos, o estructura, proceso y función, o cosas, naturalezas y hechos, también emanan de aquí. Estas mismas distinciones terminan por devolvernos finalmente a los modos y criterios de unidad posibles: modos generales, específicos y circunstanciales. Nuestro entendimiento de aquello que es determina el orden de concepción, para nosotros decisivo en las inevitables contingencias de construcción y desarrollo de toda teoría científica. "Aquello que es es lo primero concebido por el entendimiento, y provee principios para el ser y el conocimiento y para la existencia y la experiencia." 53

Esta puntualización es particularmente oportuna dentro del método de la física moderna, que antes que hipotético-deductivo, es un método discriminativo de tesis, posiciones o postulados. La tersura de su conocimiento se debe a su parte axiomática, con todo lo que deja fuera. La matemática ya tuvo en su momento su crisis de fundamentos y de axiomática, y nada de eso ha afectado a su vitalidad, aunque sí a sus posibilidades de unidad; pero la agilidad de la física sigue estando mucho más severamente limitada, y no sólo por su parte práctica o utilitaria. Los mismos principios de Newton, el momento más decisivo de todo este desarrollo, se han revelado a lo largo del tiempo con más fuerza como un "orden de concepción" que incluso como un orden de reglas formales. Por eso seguimos compelidos a creer que la inercia o la gravedad son propiedades intrínsecas de la materia en lugar de propiedades dinámicas; por eso seguimos compelidos a creer en un tiempo absoluto, en métricas absolutas del espacio y en el carácter poco menos que absoluto de la escala de Planck para energías, masas y tiempos; por eso seguimos compelidos a creer que el universo surgió de una gran explosión, o que inercia y materia son sinónimos.

Nada de esto es trivial; nada de esto se seguiría casi necesariamente del principio de equilibrio dinámico. "Casi necesariamente", pues nadie dice que los principios de Newton o cualesquiera otros predeterminen lo observado en los experimentos; "tan sólo el orden de concepción", por si acaso nos parece poco. Tampoco es que sea simplemente injustificado o incorrecto el principio de inercia, grado cero de nuestra dinámica. El principio de inercia surge como otro oportuno atajo empírico para la observada resistencia al movimiento, mientras que supone a la vez una prolongación pasiva de las fuerzas previamente impresas. Esta doble expresión coincide con el desdoblamiento que el concepto científico de inercia impone al sentido común:

por un lado la concebimos como intrínseca a nuestro propio cuerpo, y por otro lado estamos obligados a considerarla como un comportamiento externo. Pero en realidad, ya la concibamos como resistencia ante las fuerzas o como su prolongación cuando éstas no se hallan presentes, la idea de inercia no deja de estar al servicio de un punto de vista externo –es el límite o pantalla sobre el que parecen recortarse los acontecimientos físicos, y es justamente por eso que su prestación para la física resulta invaluable. Nuestra idea última de la materia es sólo la de inercia, por más que de esta no tengamos idea. La idea de inercia ha empujado hacia fuera algo que nunca antes habíamos concebido como estando dentro.

No ocurre lo mismo con el principio de equilibrio dinámico. Al menos éste nos permite situarnos desde el comienzo en el fiel entre lo que está dentro y lo que está fuera. Su noción de indiferencia empezaría por aquí. Como sucede con los demás principios, y tal como se presupone, tampoco en este caso disponemos de ningún poder adicional de resolución de los problemas; por el contrario, se trata siempre de aportar un mínimo de orden con un grado mínimo de arbitrariedad. El corriente principio de inercia impone una arbitrariedad mucho mayor, cuando sabemos además que no admitirá jamás una fundamentación teórica rigurosa –en ausencia de fuerzas no puede haber inercia entendida como restricción. Ha sido más que útil, y sin embargo, en sí mismo, es enteramente innecesario; como innecesaria es la idea de la materia en tanto que soporte de la inercia. Nuestra idea de inercia, convirtiendo en propiedad intrínseca lo que sólo es un efecto inmediato, suprime por definición la relación entre las fuerzas internas y externas a un cuerpo.

Volvamos sobre las palabras de Newton en el escolio final de sus *Principia*:

> Este elegantísimo sistema del Sol, los planetas y los cometas sólo puede originarse en el dominio de un ente poderoso, que no rige las cosas desde dentro, como alma del mundo, sino como dueño de los universos. Y debido a esta dominación suele llamársele señor dios, pantocrátor, amo universal. Pues "dios" es palabra relativa, que se refiere a siervos. 54

No puede expresarse más tajantemente la división entre un agente voluntario e incorpóreo y unos cuerpos pasivos por definición. Sin duda Newton se cuidó de reconciliar lo mejor que pudo la ciencia con la religión y el orden establecido, dejando para mejor ocasión la reconciliación del conocimiento con la naturaleza. Esto no ha dejado de tener grandes consecuencias para nuestra percepción de uno y otra; pues del dualismo religioso entre espíritu y materia pasamos insensiblemente a la contraposición entre fuerza e inercia, fuerza y masa, mando y obedezco. Pero, a pesar de una impresión todavía tan extendida, no hay necesidad de tales particiones para alcanzar formulaciones objetivas.

Adictos todavía a una escena con sucesivas revoluciones, los físicos teóricos sueñan a menudo con nuevos conceptos, más o menos improbables o contraintuitivos, capaces de transmutar mágicamente nuestra fragmentada comprensión de la realidad; pero justamente porque están obligados a respetar el orden de concepción, ninguno de estos conceptos podrá nunca acercarse remotamente al calado de las ideas mucho más elementales que están en la base. La idea de una inercia intrínseca se ha visto desfondada, pero ya que esto no tiene la menor consecuencia inmediata, preferimos soñar con no se sabe qué fantásticas revelaciones.

A pesar de su nula utilidad inmediata, la idea de que ni la inercia ni la materia inerte tienen existencia intrínseca sobrepasa a cualquier otra idea que sobre el mundo físico nos sea hoy dado concebir. Y, a diferencia de la postulación clásica de la inercia, es una idea independiente de toda conjetura y que puede sostenerse en sí misma, sin excluir en modo alguno su implicación material. Con la postulación de la inercia por Galileo, y su inserción en principios globales por Newton, tiene lugar el primer corte epistemológico, reproducido luego en todos los demás recortes de la realidad. Este corte, que estamos lejos de haber superado, supone una separación tajante entre lo interior y lo exterior a la materia, y todos los otros conceptos postulados no han dejado de reeditarlo: masa, carga eléctrica, y un largo etcétera. Estos conceptos surgen siempre dentro de un empeño declaradamente utilitario, y al comienzo suele admitirse que podrían o tendrían que derivarse de otros procesos más fundamentales; pero ya que la propia introducción del concepto supone un corte, y se inserta en un marco más amplio de cortes similares, cada vez son menores las posibilidades de recuperar los procesos en sus líneas más desnudas y básicas.

Para desentrañar las múltiples connotaciones del principio de equilibrio dinámico habría que comenzar por atender a los principios-guía de la mecánica relacional y causal, el principio de homogeneidad y el de localidad; y sin embargo podemos estar seguros de que no vamos a encontrar finalmente en él nada más de lo que hay en su punto de partida. Lo que resulta de cualquier suma cero de fuerzas es sólo el movimiento, pero es el marco mismo de la descripción del movimiento lo que debería cambiar. El hecho de que el equilibrio dinámico deba cumplirse en cualquier sistema de referencia, en claro contraste con los resultados de las leyes físicas que hoy se manejan, debería ser el indicador más claro de su universalidad, independientemente de las dificultades de cálculo que ello comporte. La suma cero de fuerzas es sólo un eje vacío y neutro en torno al cual puede girar todo, y por más banal que pueda resultar al comienzo, todavía sería indispensable para obtener planos de reflexión. Cualquier marco de valores absolutos, como los de la física actual, comportan el total extrañamiento para el intelecto, y entre nuestro entendimiento y la naturaleza. Este "desequilibrio dinámico" de la entera empresa físico-matemática no ha podido ser más fructífero, y sin embargo hay algo en él que elude sistemáticamente la reflexión. De hecho, este extrañamiento es la raíz misma de la "enfermedad de totalidad" y la "fiebre de unificación" de la física moderna, de esa insuperada compulsión que nos obliga a creer que tendríamos que abarcarlo todo para llegar a tener una explicación completa de cualquier fenómeno.

La noción de equilibrio dinámico y los supuestos de la mecánica relacional parecen mucho más cercanos al empirismo extremo que los conceptos vigentes en la física actual. Está por ver, sin embargo, hasta qué punto estos supuestos permiten expresar la sucesión en el tiempo que parece connatural a la dinámica –y que tampoco en la física vigente encuentra punto de asidero alguno. En definitiva, la idea, puramente relacional, de que el equilibrio se da en todo momento y por definición parece obviar la propia existencia de los procesos y su transcurso en el tiempo. Si de algo se puede estar seguro, es de que cualquier principio que introduzcamos a priori terminará por encontrar su contraejemplo y contrapartida. El punto de partida de la mecánica relacional es el mundo macroscópico y los sistemas con una lenta variación, en que puede omitirse el retardo temporal. Desde un punto de vista más local y causal, el equilibrio dinámico requeriría intervalos significativos de tiempo –sería más bien "desequilibrio dinámico". Esto se corresponde en líneas generales con nuestra idea de regularidad macroscópica y aleatoriedad microscópica; pero probablemente haya aquí un entero eje invisible que se nos escapa, relacionado con la teoría de la estabilidad. Y no hace falta recordar que los extremos definidos por nuestras leyes fundamentales, desde la materia hasta las ecuaciones de campo, carecen de base para la estabilidad. Las conexiones entre lo grande y lo pequeño a descubrir entre estos dos polos deben ser de una naturaleza bien diferente a las de nuestra conocida separación convencional.

La idea de equilibrio es general en extremo, y de un modo u otro se aplica a toda clase de sistemas, ya sean partículas, organismos biológicos o galaxias. Los ciclos, por otro lado, existen toda vez que dos o más condiciones requeridas por un sistema no pueden satisfacerse simultáneamente. Desde el punto de vista de la descripción de los procesos ambas circunstancias deberían estar estrechamente unidas, pero en los sistemas complejos parece haber tantos factores que todo se diluye en niebla estadística. La mecánica causal está prácticamente obligada a considerar que todo objeto tiene forma y estructura sólo en la medida en que intercambia energía con el ambiente: todo objeto sería metaestable. En los objetos abiertos biestables, con dos valles y una barrera, podemos obtener al menos el perfil básico de un equilibrio dinámico a lo largo del tiempo. Aquí no cabe esperar leyes diferenciales –las leyes diferenciales han sido ideales justamente para expresar en espacio y tiempo los aspectos más independientes del tiempo-, y sin embargo, probablemente no hay nada más individualmente característico de ese objeto: su gradiente o "diferencial" con el entorno en el tiempo. Hasta ahora no hemos concedido sustantividad a estos gradientes por tres razones: por la dificultad técnica de su lectura, por su desconexión con la llamada física fundamental, y por su escasa utilidad predictiva.

Con respecto a lo primero, creemos que se pueden encontrar ejemplos de sistemas biestables con una interpretación clara y un doble eje de simetría pese a la riqueza de estructuras, incluso en procesos biológicos, aunque ni mucho menos sólo en ellos.[55] La desconexión con la física fundamental tendría en gran medida remedio si se atendieran a las líneas de investigación sistemáticamente omitidas, y que aquí hemos tratado de reivindicar. En cuanto a su escasa utilidad predictiva, ya se ha dicho que para sistemas complejos nuestra capacidad de predicción no puede ir más allá de nuestra capacidad de retrodicción. Así pues, parece que queda mucho por hacer antes de que tengamos alguna claridad sobre el tema, y pese a todo, nuestro interés por estos perfiles no dejará de crecer a poco que lo favorezcan los argumentos; pues dibujan el jeroglífico de lo más irreductible de cualquier entidad.

XVI

Las dificultades que surgen de las grandes omisiones de las teorías nunca serán eliminadas gracias a modelos matemáticos más complicados; precisamente por esto la investigación sistemática en los fundamentos de la física debería tener en esta disciplina un lugar tan importante al menos como en la matemática –y aun reconociendo que tampoco corren buenos tiempos para la investigación de fundamentos matemáticos. Pero a la investigación de fundamentos en física, inseparablemente ligados a su historia, no se le concede la halagüeña consideración de "investigación fundamental", y justamente, por su carácter inactual o intempestivo. En esto estriba su valor, pues todo lo que tiene de inoportuno para los programas en curso, lo tiene de pertinente para las preguntas más básicas, que esos programas difícilmente pueden plantear.

La investigación en fundamentos de física no sólo plantea otras teorías y principios: plantea otras observaciones y experimentos, a menudo embarazosamente básicos. Es por ello que se quisiera silenciar una controversia que se antoja inevitable, y es por ello que hemos intentado mostrar que aquí no se trata de motivos opuestos, sino interpuestos. Durante mucho tiempo, probablemente desde Bacon, se ha tenido la convicción de que en el empeño del hombre por desvelar los misterios de la naturaleza no hay más obstáculos que la propia resistencia que la naturaleza ofrece y las limitaciones de nuestra inteligencia. A estas alturas, semejante convicción resulta insostenible: la estratificación geológica de las teorías supone un obstáculo tan grande al menos como cualquier otro, pero no hemos dado con una "vía media" que confronte esta realidad, y se sigue manteniendo toda la narrativa de la aventura de la ciencia como exploración sin restricciones ni prejuicios, a la vez que acercamiento progresivo a la verdad. Pero el desarrollo es restricción creciente de posibilidades, y muy bien podemos confundir éste con la aproximación gradual hacia una meta. Para que la transformación en profundidad siga siendo posible es necesario mantener condiciones internas, no sólo externas, de apertura. Lo que se insinúa en el centro es un vacío, pero este vacío es lo que mueve la rueda de las transformaciones.

"La controversia se centra en alegaciones de hechos; la discusión se centra en la formulación de problemas".[56] Pero en la física las discusiones más fecundas suelen llevar a los hechos; y si alguien dice que un aparato eléctrico viola la ley de Lorentz, las cuestiones de interpretación, que antes parecían inocuas, conducirán sin demora a las más acaloradas disputas –salvo que se prefiera ignorarlo. Esto último es lo habitual para los casos que comprometen a las leyes básicas. Puesto que lo que nos ocupa aquí no es tanto quién pueda tener razón en uno u otro asunto puntual, sino el que se dejan de explorar sistemáticamente amplias áreas, fundamentales para nuestra comprensión del conjunto, por el mero hecho de cómo han venido al ser las teorías, sería deseable buscar un espacio neutral que permita no ignorar muchas preguntas necesarias. Es en ese sentido que hemos hablado de la retrodicción y de una lógica retrodictiva que hoy sólo puede ser una incógnita. Y, además, entre la predicción y la descripción, sistemas conservativos y disipativos, cerrados y abiertos, física fundamental y fenomenología compleja, existe sin duda una inmensa tierra de nadie en espera todavía de las conexiones más elementales.

La voluntad de dominio ha dado su forma a la física, lo que explica tanto el utilitarismo de sus conceptos como su pretensión de universalidad: ambas coinciden en la ambición de predecir todo lo posible. Aun si no tuviéramos ningún problema con esto, todavía sería oportuno recordar que los conceptos de índole utilitaria tienden más a la divergencia que a la convergencia, y a la multiplicación de entidades más que a su reducción. Esto no es una patología, sino tan sólo el precio a pagar por la multiplicación de los conocimientos; pero el camino para cualquier reconstrucción de la unidad, o simplemente para ver las cosas más desde dentro, no puede reducirse al ensamblaje de componentes utilitarios, si se admite que cada uno fue modelado expresamente para su caso. No sólo crecen las preguntas en las fronteras del conocimiento; crece igualmente el vacío entre sus diversos componentes.

Advertida esta circunstancia, no hacen falta alegaciones ni diagramas para comprender la pertinencia de la investigación transversal o *atravesada* de las sucesivas fases del desarrollo de las teorías. Y no porque de este modo vayamos a encontrar por fin las causas definitivas o los fenómenos puros, términos extremos que en sí mismos podrán resultar indiferentes; sino porque el camino más corto hacia lo que queremos saber pasa por lo que no quisimos saber. No se trata ni de recuperar el pasado ni de poner fin a la carrera presente; en cualquier caso seguiremos estando, como siempre, justo en la mitad del camino, allí donde lo inesperado tiene su lugar. Sólo esta soberana certeza, independiente de la acumulación de conocimientos, auspicia alguna autonomía frente a sus eventualidades; y hace posible esa eliminación interna, y no sólo externa, que es un requisito mínimo de la transformación y la salud.

La revolución científica, de carácter acumulativo, ha estado marcada por la creciente socialización del conocimiento. La revolución histórica que le sucedió ha transformado nuestra percepción subjetiva del pasado y del acontecer en general, ampliando enormemente nuestra perspectiva. Es un hecho que ambas revoluciones no han confluido, porque seguimos creyendo que la ciencia descubre una realidad intemporal aun cuando a la vista de todos está su dependencia de puntuales circunstancias pasadas y presentes. Si realmente lo deseamos, ahora podemos poner el conocimiento acumulado al servicio del juicio individual, y ese juicio más independiente encontrará sus propias vías de asociación, enriquecimiento e intercambio. Nos dará un conocimiento menos condicionado de la naturaleza, lo temporal y lo atemporal en el saber humano, y, finalmente, de nosotros mismos.

Bibliografía

[1] A. K. T. Assis. *Relational Mechanics*. Apeiron, Montreal, 1999.
[2] A. K. T. Assis. *The Principle of Physical Proportions*. Annales de la Fondation Louis de Broglie, Volume 29 Nº 1-2, 2004.
[3] R. J. Boscovich. *On space and time as they are recognized by us*. En Endophysics - The World as an Interface. O. E. Rössler, editor. World Scientific, 1998.
[4] A. K. T. Assis. *The reality of Newtonian forces of inertia*. http://www.ifi.unicamp.br/~assis/Hadronic-J-V18-p271-289(1995).pdf
[5] Nicolae Mazilu, *The third principle of Dynamics*. Protoquant.com
[6] A. K. T. Assis. *On Mach's principle*. Foundations of Physics Letters, Vol. 2, Nº 4, 1989.
[7] M. Reinhardt. *Mach's principle — A critical review*. Zeitschritte fur Naturforschung, 1973.
[8] Isaac Newton, *Principios Matemáticos de Filosofía Natural*. Tecnos, Madrid, 1987.
[9] Nikolay Noskov. *Gauss, Weber, Gerber and others*. http://n-t.ru/tpe/ng/gvg/htm
[10] Heinrich Hertz. *The Principles of Mechanics presented in a new form*. Dover Phoenix Editions, 2003.
[11] Nicolae Mazilu. *Material particle and material point to Hertz. The third principle of dynamics*. 2008 Protoquant.com
[12] Ibíd.
[13] Ibíd.
[14] Ibíd.
[15] Ibíd.
[16] Nicolae Mazilu. *Science as Sin*. E-book, 2008.
[17] Nicolae Mazilu. Op. cit.
[18] Ibíd.
[19] Nicolae Mazilu. *Mechanical problem of Ether*. Apeiron, Vol. 15, Nº 1, January 2008.
[20] Ibíd.

[21] Ibíd.
[22] Stefan Marinov. *Eppur si muove*. East-West Publishers, 1987.
S.A. Belozerov. *Fallacies regarding the principle of relativity, slow clock transport and Marinov's experiment*. Apeiron, Vol. 14, N° 1, January 2007.
[23] A. K. T. Assis. Ibíd. 1
[24] Nicolae Mazilu. Ibíd. 11
[25] Nicolae Mazilu. *The case of banished forces – a way to look at interactions*. Protoquant.com.
[26] T. E. Phipps, Jr. *Universal Invariance: A Novel View of Relativistic Physics. Apeiron*, Vol. 15, N° 4, October 2008.
[27] Nicolae Mazilu. *A reasonable story of Electrodynamics*. 2008 Protoquant.com
[28] R. M. Kiehn. *Cartan's Corner*.
http://www22.pair.com/csdc/car/carhomep.htm
[29]Domina Eberle Spencer, Uma Shama, Philip J. Mann. *A comparison of three electrodynamic equations*.
http://www.shaping.ru/CONGRESS/english/spenser2/spencer2.asp
[30] Marshall, T. W., Santos, E. *A classical model for a photodetector in the presence of electromagnetic vacuum fluctuations*.
arxiv.org/abs/0707.2137v1
[31] Chris Oakley. *The search for a quantum field theory*.
http://www.cgoakley.demon.co.uk/qft/index.html
[32] A. K. T. Assis, M. C. D. Neves. *The Redshift Revisited*.
http://www.ifi.unicamp.br/~assis/Astrophys-Space-Sci-V227-p13-24(1995).pdf
[33] Nicolae Mazilu. Ibíd. 16.
[34] Domina Eberle Spencer et al. Ibíd 29.
[35]Richard Feynman. *The Feynman Lectures on Physics*. Vol. 3. Adisson-Wesley, 2006.
[36] Nikolay Noskov. *The phenomenon of retarded potentials*.
http://n-t.ru/tpe/ng/yzp.htm
[37] Carver Mead. *Collective Electrodynamics*. The MIT Press, 2000.
[38] A. D. Sakharov. *Vacuum quantum fluctuations in curved space and the theory of gravitation*. 1967.
[39] Irving E. Segal. *Mathematical Cosmology and Extragalactic Astronomy*. Academic Press, New York, 1976.
Press, New York, 1976.
[40] Alejandro Jenkins. *Topics in Theoretical Particle Physics and Cosmology Beyond the Standard Model*.
http://arxiv.org/PS_cache/hep-th/pdf/0607/0607239v1.pdf
[41] R. M. Kiehn. *Retrodictive Determinism*. 1976.
http://www22.pair.com/csdc/pdf/retrodic.pdf

[42] R. M. Kiehn. Ibíd. 28.
[43] Louis de Broglie. *Sur la possibilité d'une interprétation causale et objective de la mécanique ondulatoire*. C. R. Acad. Sc. (1952).
[44] Nikolay Noskov. Ibíd. 36.
[45] Nicolae Mazilu. *The Stoka Theorem. A side story of Physics in gravitational field.* 2008 Protoquant.com
[46] E. T. Jaynes. *The well posed problem.* Foundations of Physics, 3, 1973.
[47] Gerard't Hooft. *Quantum Gravity as a Dissipative Deterministic System.* 1999. http://arxiv.org/abs/gr-qc/9903084
[48] Richard D. Gill. *Time, Finite Statistics, and Bell's Fifth Position.* 2002.
http://arxiv.org/PS_cache/quant-ph/pdf/0301/0301059v1.pdf
[49] David Mermin. *What is quantum mechanics trying to tell us?* 1998. http://arxiv.org/abs/quant-ph/9801057
[50] F. S. C. Northrop. *The Logic of the Sciences and the Humanities.* Ox Bow Press, 1983.
[51] Richard McKeon. *Freedom and History*. The Noonday Press, New York, 1952.
[52] Fernando Goñi Arregui. *La cara oculta del mundo físico*. Gredos, Madrid, 1974.
[53] Richard McKeon. *Being, Existence, and That Which Is.* Selected Writings of Richard McKeon, vol. I. The University of Chicago Press, 1998.
[54] Isaac Newton. Op. cit.
[55] V. E. Zhvirblis. *Stars and Koltsars*. World Scientific, 1996.
http://www.chronos.msu.ru/EREPORTS/zhvirblis2.pdf
[56] Richard McKeon. *Philosophy as a Humanism*. Ibíd. 53.

www.ingramcontent.com/pod-product-compliance
Lightning Source LLC
LaVergne TN
LVHW091321150826
845673LV00006B/1718

* 9 7 9 8 2 3 0 1 2 5 8 7 7 *